JN114302

「特定技能」外国人雇用準備講座

~特定技能外国人を採用する前にチェックしておきたい50項目~

行政書士・社会保険労務士　**井出 誠**
行政書士・社会保険労務士・中小企業診断士　**長岡 俊行**

ビジネス教育出版社

プロローグ：
我が国の人手不足と外国人労働者の現状

日本の労働市場における人材不足の問題はとても深刻な状況にあります。

　我が国の少子高齢化は、他に類を見ないほどのスピードで進展しています。その結果、2008年をピークに総人口が減少に転じており、2050年には日本の総人口は１億人を下回ることが予測されています。

　また、15歳から64歳までの生産年齢人口を見てみますと2017年の7,596万人（総人口に占める割合は60.0％）が2040年には5,978万人（53.9％）と減少することが推計されています。

　労働市場における人手不足は経済成長の大きな制約につながります。我が国の喫緊の課題である労働力不足の問題になんとか歯止めをかけるべく、外国人労働者へ大きな期待が寄せられています。

　日本で働く外国人労働者数は、年々右肩上がりで増加しています。2018年10月末時点での外国人労働者数は、146万463人と過去最高を記録しました。

　外国人労働者数の内訳を在留資格別に見てみますと、永住者や日本人の配偶者等など身分に基づく在留資格の割合が全体の33.9％（49万5,668人）と最も多く、次いで留学生のアルバイトなど資格外活動での就労が23.5％（34万3,791人）、技能実習生が21.1％（30万8,489人）、専門的・技術的分野の就労ビザが19.0％（27万6,770人）と続いています。

　2019年４月に改正入管法が施行されたことに伴い、今後はここに、即戦力となる外国人材を受け入れるための新たな在留資格として創設された「特定技能」の外国人労働者が、2019年以降５年間で約34万人加わることになります。

外国人労働者数の内訳

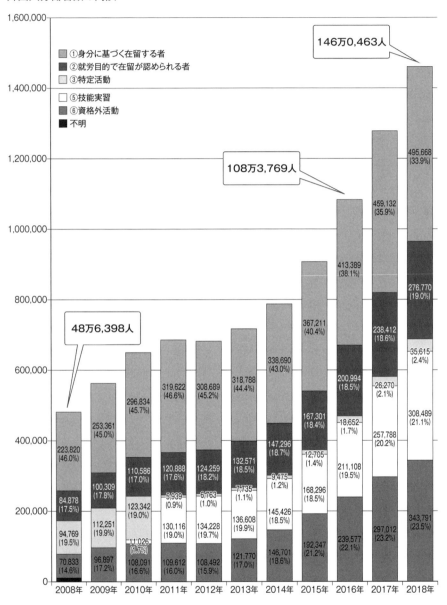

厚生労働省「外国人雇用状況」の届出状況まとめ」に基づく集計（各年10月末現在の統計）

出所：出入国在留管理庁「新たな人材の受入れ及び共生社会実現に向けた取組」

はじめに

－2019年7月某日22時　八王子市内の某居酒屋にて（一部、脚色しています）

井出：あれ、もうこんな時間か。そろそろ帰りますか。

長岡：いやあ、今日も飲みすぎましたね。あしたも早いんですか？

井出：明日は朝から入管※（品川）ですよ。8時には並びたいので、5時起きですわ。

（※入管……入国管理局→2019年4月より出入国在留管理庁）

長岡：ああ、入管はやたら混んでいるみたいですね。

井出：はい、特に品川は慢性的に混んでいますからね。八王子からだと申請だけでも半日仕事ですよ。

長岡：うへえ。やっぱり最近だと特定技能の申請をする人が多いんですか？

井出：いや、今の段階（2019年7月現在）では、まだ特定技能の申請自体は少ないですね。でも、特定技能外国人を雇いたい、という相談はかなり多いですよ。建設業からもよく聞かれるでしょ？

長岡：まあ、建設業はここのところずっと人手不足ですから……。技能実習生を受け入れている社長さんと話していると、最近はたいてい特定技能の話になりますね。

井出：でしょうね。ニュースや新聞なんかでも特定技能の話題はたくさん取り上げられていますしね。

長岡：ただ、新しい制度ですし、制度自体が複雑なので説明が難しいんですよね。井出さん、どうやって説明しているんですか？

井出：確かに特定技能は制度が非常に複雑なので、行政から出ている資料をそのままお客様に見せても、わかりづらいですし、新しい情報が次から次へと出てくるので、自分なりに整理して説明用の資料は日々ブラッシュアップしていますよ。

長岡：あれだけ資料が出てくると、事業者さんは読み込めないですよね。

井出：確かに量もそうなのですが、特定技能に関しては、ビザ手続きの知識だけじゃなくて、労務管理の知識も必要になるので、一般の人にはハードルが

高いですよ。

長岡：ああ、そこは技能実習も同じですかね。ただ、あっちは監理団体がかなり
　　　手伝ってくれるので、受入企業の人たちが自分でそこまで調べなくても、
　　　わりとなんとかなるみたいですね。

井出：いままで外国人労働者を受け入れたことがない企業だと、特定技能の制度
　　　を適切に把握し、運用していくのはなかなか難しいと思いますね。外国人
　　　への支援に関しては登録支援機関へ委託できるのですが、登録支援機関自
　　　体もできたての制度ですし、すべての登録支援機関が外国人の雇用に精通
　　　しているわけでもないでしょうからね。

長岡：でしょうね。

井出：５年で約34万人の受入れ想定といわれていますが、特定技能の制度自体が
　　　複雑すぎて、このままだとうまく活用されずに、使われづらい制度になっ
　　　ていくんじゃないかと思うときもありますよ。

長岡：そのうち、一般の人でもわかりやすいような解説書とか出てくるんですか
　　　ね。

井出：だといいんですけれどね。ビザ関係の解説は行政書士が書いて、労務管理
　　　の解説は社労士が書いて……。

長岡：やっぱり、特定技能は行政書士と社労士の知識が両方必要になりますよ
　　　ね。

井出：……。

長岡：……。

井出：やはり、我々の出番ですかね。

……このような流れで、この書籍を執筆することになりました。

　2019年４月より受入れが始まった「特定技能」は、即戦力として期待される外
国人労働者が、いわゆる「現場作業」に従事することができる在留資格です。こ
れまで外国人雇用が認められていなかった業務も対象となっているため、外国人
を受け入れることに慣れていない企業も多いのではないでしょうか。また、技能
実習に関する否定的な報道を目にして、特定技能に対しても、「安価な労働力と
して外国人を雇える制度」という誤ったイメージを抱いている方がいらっしゃる

かもしれません。

　制度に関する正しい理解が求められるところ、特定技能に関する行政資料は、制度が作り上げられていく中で随時発表されたこともあって、網羅的に把握するのが難しいものになってしまいました。また、専門用語の丁寧な説明は省略されているため、在留資格と労務管理に関する知識がないと、細かい部分まで理解するのは困難だと思われます。

　そのような状況を受けて、専門的な知識のない受入企業の経営者や人事担当者が理解できるような、特定技能制度の解説書を生み出す必要性を感じました。本書は、在留手続の専門家である行政書士と労務管理の専門家である社労士から、一般の方に向けた解説書となっています。チェックリストのような形式をとることによって、複雑な制度の注意点を小分けにして、丁寧に解説しました。なお、外国人に限らず労働者を雇用する際に必要となる、労働基準法等の知識については、最低限の解説としています。

　特定技能外国人の活用を考える事業者の方々や、この制度を裏方からサポートする登録支援機関の方々にとって、この本が制度理解の一助となれば幸いです。また、特定技能制度を適切に運用することによって外国人労働者の就労環境がより良いものとなり、職場が活性化され受入企業が成長発展していくことを、中小企業の支援者として、切に願っております。

　2020年1月
　井出　誠（申請取次行政書士・社会保険労務士）
　長岡俊行（行政書士・社会保険労務士・中小企業診断士）

「特定技能」外国人雇用準備講座 ● 目　次

オリエンテーション　新しい在留資格『特定技能』とは
（まずは特定技能制度の概要をチェックしよう）

第1講義　『特定技能』所属機関
（どんな会社なら特定技能外国人を受入れ可能かチェックしよう）

第2講義　『特定技能』外国人
（どんな外国人なら特定技能ビザを取得可能かチェックしよう）

第3講義 『特定技能』雇用契約

（どんな雇用契約を結ぶ必要があるかチェックしよう）

第4講義 『特定技能』外国人支援業務

（1号特定技能外国人に対しどんな支援が必要かチェックしよう）

重要単語の解説

・特定技能

　2019年4月に創設された新しい在留資格です。一定の範囲において外国人が日本で働くことができる、いわゆる「就労ビザ」の一つです。「労働許可」のようなイメージでしょうか。本書全体を通じて、この特定技能について解説しています。

・特定技能所属機関

　特定技能外国人を受け入れる事業者です。第1講義で解説しています。株式会社や社会福祉法人等の法人だけでなく、個人事業主での受入れも可能です。本書では、「受入企業」「受入機関」「受入れ先」もしくは「会社」と表記している箇所があります。原則的に法人を前提に解説していますので、個人事業主の場合は運用が異なる部分もあります。

・特定技能外国人

　在留資格「特定技能」によって日本に滞在する外国人です。第2講義で解説しています。「1号特定技能外国人」と「2号特定技能外国人」の区分がありますが、2号特定技能外国人の受入れは2021年以降の予定とされています。また、2019年10月時点において、2号特定技能外国人の受入れ予定は建設分野と造船・舶用工業分野のみとなっていることもあり、本書は1号特定技能外国人を前提に解説しています。そのため、「特定技能外国人」や「外国人」、または「特定技能1号」という表記でも「1号特定技能外国人」を指す場合があります。

・特定技能雇用契約

　特定技能所属機関と特定技能外国人との間で結ぶ雇用契約です。第3講義で解説しています。「雇用契約」と表記している箇所もあります。

・1号特定技能外国人支援計画

　1号特定技能外国人を受け入れる際に作成が義務付けられている、支援内容が

記載された計画です。第4講義で解説しています。「支援計画」と表記されている箇所もあります。支援計画には、法令で定められた支援内容を盛り込まなければなりません。計画に記載された支援業務については、特定技能所属機関が自ら実施することも可能ですが、登録支援機関に委託することも可能です。

・登録支援機関

　特定技能所属機関と支援委託契約を結ぶことにより、支援計画に基づく支援を実施する機関です。第4講義のコラムで解説しています。

・出入国在留管理庁

　出入国管理行政を行うための機構として、法務省の外局として設けられています。2019年4月1日に、入国管理局から格上げされました。各種在留手続の申請は、各地方の出入国在留管理局に対して行います。

・相当程度の知識または経験を必要とする技能を要する業務に従事する活動

　1号特定技能外国人が日本で行う活動のことです。いわゆる「単純労働」や「単純作業」とは明確に区別されています。ただし、表現が複雑であるため、本書では「現場作業」と表記している箇所があります。

・入管法令

　「出入国管理及び難民認定法」だけでなく、出入国管理難民認定法施行令や施行規則、そして上陸基準省令等を含めて「入管法令」と表記している箇所があります。また、運用要領や基本方針等も含めて「入管法令等」と表記することもあります。

・労働関連法令

　労働基準法をはじめとした労働関係の法律に加え、施行令や施行規則といった政省令も含めて、「労働関係法令」と表記しています。

・特定技能外国人受入れに関する運用要領

　出入国在留管理庁が策定している資料です。特定技能に関する法令の解釈や、

運用上の留意点が解説されており、法務省のウェブサイトに最新版が公開されています。「運用要領」と表記しています。

・参考様式

　特定技能外国人の履歴書や特定技能雇用契約書など、各種申請の際に必要となる書類のひな型です。法務省のウェブサイトに公開されています。他に、在留資格認定証明書交付申請書などの「省令様式」や、各分野における特定技能外国人の受入れに関する誓約書などの「分野参考様式」も用意されています。

・技能実習制度

　いわゆる「途上国」から技能実習生を呼び寄せ、日本の現場で働きながら技能を身につけてもらう制度です。技能実習2号の修了者（経験3年）は技能と日本語能力の試験が免除されることから、特定技能とも密接な関わりを持っています。本書では、「お昼休み」の章を設けて解説しています。

法律の略称

　本書では、法律の名称について略語を用いている箇所があります。正式名称は次のとおりです。

- **入管法** ：出入国管理及び難民認定法
- **技能実習法** ：外国人の技能実習の適正な実施及び技能実習生の保護に関する法律
- **労働者派遣法**：労働者派遣事業の適正な運営の確保及び派遣労働者の保護等に関する法律
- **暴力団対策法**：暴力団員による不当な行為の防止等に関する法律
- **労災保険法** ：労働者災害補償保険法
- **風営法** ：風俗営業等の規制及び業務の適正化等に関する法律

オリエンテーション

新しい在留資格『特定技能』とは

まずは特定技能制度の概要を
チェックしよう

　特定技能は、2019年4月から受入れが開始された
新しい在留資格です。適正な受入れを実現するため
に、受け入れる企業と働く外国人に関する基準だけ
でなく、両者の間で結ぶ雇用契約や、外国人に対し
て行う支援計画に関する基準も細かく定められてい
ます。第1講義からは各基準の解説が始まりますが、
その前に制度の概要を確認しておきましょう。

新しい在留資格『特定技能』は、人手不足解消を目的として創設されました。少子高齢化により労働力人口が減少する中にあって、東京オリンピック需要や外国人観光客の増加といった要素が重なり、我が国の人手不足は深刻な状況が続いていたからです。

　もちろん、現時点でも多くの外国人労働者が日本で就労しているのですが、在留資格の制限から、活躍の場は限られていました。国の基本的な考え方は、「専門的な知識や技術を持っている外国人労働者は海外から積極的に受け入れるものの、それ以外の外国人については慎重に対応するべき」というものです。要するに、外国人労働者が現場作業に就くことが難しい状況だったのです。

　そのような中、宿泊業や外食業においては、留学生等をアルバイトとして採用する動きがありました。ただし、留学生の在留目的はあくまでも「学校で教育を受けること」ですから、アルバイトができる時間数は、原則週28時間以内となっています。

　また、建設業や製造業など特定の業種においては、技能実習生の受入れも盛んに行われてきました。しかし、技能実習制度の目的は「人材育成を通じて開発途上国へ技能等を移転し、その国の経済発展を促す国際協力」となっています。そのため、行える作業の範囲や在留できる年数など、厳しい制約の中でしか活用することができません。

　このような状況を打開するため、外国人労働者が日本の現場で作業を行える在留資格、「特定技能」が創設されたのです。

1. 受入機関の基準 → （第1講義で解説）

　特定技能の資格で在留する外国人を雇い入れる事業者は、「特定技能所属機関」と呼ばれます。制度を適切に運営していくために、所属機関となるための基準が入管法令等に細かく定められていますので、まずは概要を確認してみましょう。

（1）特定産業分野14業種に該当する

　特定技能は、人材不足の解消にあたって外国人材が不可欠な特定の分野で活用される制度です。そのため、「特定産業分野」として定められた14分野（業種）に該当する業務を行う事業所でなければ、所属機関となることはできません。

（2）法令を順守している

　日本人労働者に比べて転職等の自由度が低い外国人労働者を受け入れるにあ

たって、人権侵害などが行われないよう、所属機関にはいわゆる「コンプライアンス」の厳格化が求められています。その一環として、労働関係法令や入管法令、そして刑法等の順守が、所属機関であるための要件となっています。また、社会保険制度への適切な加入と保険料の支払い、そして納税の義務をきちんと果たすことも必要です。

（3）外国人に対する支援を適切に行う

　特定技能で受け入れる外国人は、必ずしも日本での生活に慣れているわけではありません。そのため、外国人に対する支援として、日本での生活環境を整える手伝いや、相手が理解できる言語で相談を受けることなどが求められます。これらの支援体制を整備することも、所属機関の要件となっています。なお、この外国人に対する支援については、「登録支援機関」に委託することで基準を満たすことが可能です。

２．受け入れる外国人の基準 →（第２講義で解説）

　特定技能の資格で在留する外国人は、「特定技能外国人」と呼ばれ、やはり様々な基準が定められています。なお、特定技能には１号と２号があり、求められる技能水準は、１号よりも２号のほうが高いです。ただし、2019年10月現在、特定技能２号での受入れが予定されているのは、「建設」と「造船・舶用工業」の２分野のみとなっています。

（1）技能と日本語能力が一定以上である

　特定の技能を生かして働く労働者ですから、その技能レベルについては一定以上のものが求められます。また、作業指示をはじめとした日本語が理解できなければ円滑に働くことはできませんから、日本語レベルについても一定の基準が定められています。なお、特定技能２号については、技能水準は１号より厳しくなっているものの、日本語能力については特に基準が定められていません。

　この技能と日本語のレベルは、適切な試験に合格することで、それぞれ証明されることになります。ただし、技能実習２号を修了した外国人であれば、改めて試験を受ける必要はなく、両方の水準を満たす人材として評価されます。

（2）在留期間の上限に収まっている

　特定技能１号は、在留期間の上限が通算で５年間となっています。そのため、すでに特定技能として５年の経験がある外国人は、特定技能１号の資格で雇い入れる

ことができません。なお、特定技能２号については、在留期間の上限はなく、適切な活動を続けていれば、更新を繰り返していくことが可能です。

３．雇用契約の基準 →（第３講義で解説）

　特定技能所属機関と特定技能外国人との間で結ぶ雇用契約は、「特定技能雇用契約」と呼ばれます。雇用契約は使用者と労働者が対等な立場で結ぶものですが、前述のとおり転職等の自由度が低い特定技能外国人は、日本人労働者に比べて交渉力も弱くなってしまいがちです。そのため、外国人労働者にとって不当な契約とならないよう、この契約内容についても、細かい基準が定められています。

（1）従事する業務内容

　特定の技能を必要とする業務に就いてもらうために雇い入れているのですから、それなりの業務を担当してもらう必要があります。特定産業分野の各業種について基準が定められていますので、その基準に沿った業務に就くことを契約の条件としてください。

（2）報酬等

　特定技能外国人は、技能実習を修了するなどして、一定の技能を有しています。ですから、その技能に応じた報酬の支払いが求められます。もちろん、外国人であることを理由に日本人と差別的な取扱いをすることは厳しく禁じられています。また、食事や住居等にかかる費用を所属機関が立て替え、それを賃金から控除する場合には、実費で計算するなどの適切な対応が必要です。

４．支援計画の基準 →（第４講義で解説）

　１号特定技能外国人については、日本での生活に慣れていない人もいるため、適切な支援を行っていく必要があります。そのため、所属機関は受入れにあたって支援計画を作成する必要があり、その基準もきちんと定められています。

（1）言語面での支援

　最低限の日本語能力水準は求められているものの、母国語と同じレベルで日本語を使いこなせる人はまれでしょう。そのため、日本語学習の機会の提供や、母国語等での相談対応といった支援が必要になります。

（2）生活面での支援

　アパートの契約や銀行口座の開設などを、外国人が一人で行うことは現実的と

はいえません。これらの場面においても、適切な支援が求められます。また、地域社会に溶け込めるよう、日本人との交流を促すことなども、必要な支援の一つとされています。

（3）仕事面での支援

　職場の人間関係での悩みなど、直属の上司や同僚には相談しづらい問題が生じることも想定されます。そのため、他部署の人間が定期的に面談するなどして、問題が深刻化するのを防ぐ必要があります。

　なお、所属機関が実施するべき支援については、その全部または一部について、外部の機関と委託契約を結ぶことができます。例えば、通訳者との契約などがこれに該当するでしょう。また、支援計画の全部を「登録支援機関」に委託することも可能です。

　特定技能制度のイメージはつかめましたでしょうか。この後に続く第1講義から第4講義において、1〜4で概要を案内した各基準について、それぞれ細かく解説していきます。なお、建設分野については独自の基準が多くあるため、第5講義を設けて解説を加えました。また、特定技能と密接につながっている技能実習制度を紹介する場として、第4講義と第5講義の間に「お昼休み」を挟んでいます。

第1講義

『特定技能』所属機関

どんな会社なら特定技能外国人を
受入れ可能かチェックしよう

　特定技能所属機関とは、在留資格「特定技能」を
有する外国人を雇い入れる事業者のことです。所属
機関には、特定技能外国人の受入れを適切に行って
いくことが求められます。そのため、入管法令等に
おいて、所属機関に関する基準が細かく定められて
います。第1講義では、特定技能所属機関に求めら
れる基準を一つずつ確認していきましょう。

1-1 ☑ 特定産業分野 14 業種に該当している

新しい在留資格『特定技能』で外国人雇用を考えている場合、どのような業種の会社でも受け入れることは可能かといえば、そういうわけではありません。今のところ、1号特定技能外国人を雇用することができるのは、国が特定産業分野に指定した14業種に限定されています。

　特定産業分野とは、「生産性の向上や国内人材確保のための取組を行っても、なお深刻な人材不足であり、当該分野の存続のために外国人材が必要と認められる分野」のことをいいます。

　現在は、①介護、②ビルクリーニング、③素形材産業、④産業機械製造業、⑤電気・電子情報関連産業、⑥建設、⑦造船・舶用工業、⑧自動車整備、⑨航空、⑩宿泊、⑪農業、⑫漁業、⑬飲食料品製造業、⑭外食業、の14業種が指定されています。まずご確認いただきたいのは、あなたの会社の業務が、この特定産業分野14業種に該当しているかどうかです。

　ちなみに、特定技能2号に関しては、いまのところ、⑥建設、⑦造船・舶用工業、の2分野のみが受入れ対象とされています。

　政府は、この特定産業分野14業種において5年間で最大34万5,150人の特定技能外国人を受け入れる予定です。現在はこの14業種が特定産業分野とされていますが、今後これらの分野と同様に人材不足の状態が生じた業種が発生した場合は、行政および中央省庁等の関係機関による協議により必要と判断されれば、業種分野の拡大もあるかもしれません。

特定産業分野14分野（業種）の内容

	分野	人手不足状況 受入れ見込数 (5年間の最大値) (注)	その他重要事項 従事する業務
①	介護	60,000人	・身体介護等（利用者の心身の状況に応じた入浴、食事、排せつの介助等）のほか、これに付随する支援業務（レクリエーションの実施、機能訓練の補助等） （注）訪問系サービスは対象外　　　　〔1試験区分〕
②	ビルクリーニング	37,000人	・建築物内部の清掃
③	素形材産業	21,500人	・鋳造　・鍛造　・ダイカスト　・機械加工　・金属プレス加工 ・工場板金　・めっき　・アルミニウム陽極酸化処理　・仕上げ ・機械検査　・機械保全　・塗装　・溶接　　　〔13試験区分〕
④	産業機械製造業	5,250人	・鋳造　・鍛造　・ダイカスト　・機械加工　・塗装　・鉄工 ・工場板金　・めっき　・仕上げ・機械検査　・機械保全 ・工業包装　・電子機器組立て　・電気機器組立て ・プリント配線板製造　・プラスチック成形　・金属プレス加工　・溶接 〔18試験区分〕
⑤	電気・電子情報関連産業	4,700人	・機械加工　・金属プレス加工　・工場板金　・めっき　・仕上げ ・機械保全　・電子機器組立て　・電気機器組立て ・プリント配線板製造　・プラスチック成形　・塗装　・溶接　・工業包装 〔13試験区分〕
⑥	建設	40,000人	・型枠施工　・左官　・コンクリート圧送　・トンネル推進工 ・建設機械施工　・土工　・屋根ふき　・電気通信　・鉄筋施工 ・鉄筋継手　・内装仕上げ／表装　　　　〔11試験区分〕
⑦	造船・舶用工業	13,000人	・溶接　・塗装　・鉄工　・仕上げ　・機械加工　・電気機器組立て 〔6試験区分〕
⑧	自動車整備	7,000人	・自動車の日常点検整備、定期点検整備、分解整備　〔1試験区分〕
⑨	航空	2,200人	・空港グランドハンドリング（地上走行支援業務、手荷物・貨物取扱業務等） ・航空機整備（機体、装備品等の整備業務等）　〔2試験区分〕
⑩	宿泊	22,000人	・フロント、企画・広報、接客、レストランサービス等の宿泊サービスの提供 〔1試験区分〕
⑪	農業	36,500人	・耕種農業全般（栽培管理、農産物の集出荷・選別等） ・畜産農業全般（飼養管理、畜産物の集出荷・選別等）　〔2試験区分〕
⑫	漁業	9,000人	・漁業（漁具の製作・補修、水産動植物の探索、漁具・漁労機械の操作、水産動植物の採捕、漁獲物の処理・保蔵、安全衛生の確保等） ・養殖業（養殖資材の製作・補修・管理、養殖水産動植物の育成管理・収穫（穫）・処理、安全衛生の確保等）　〔2試験区分〕
⑬	飲食料品製造業	34,000人	・飲食料品製造業全般（飲食料品（酒類を除く）の製造・加工、安全衛生） 〔1試験区分〕
⑭	外食業	53,000人	・外食業全般（飲食物調理、接客、店舗管理）　〔1試験区分〕

（注）14分野の受入れ見込数（5年間の最大値）の合計：345,150人

出所：「新たな外国人材の受入れ及び共生社会実現に向けた取組」出入国在留管理庁

中長期在留者の雇用経験がある

特定技能所属機関は、特定技能外国人の適正な受入れと支援を実施していかなければなりません。そのため、中小企業が受入機関となるためには、過去2年間において、中長期在留者の受入れまたは管理を適正に行った実績等が求められます。

　特定技能外国人の受入れと支援を適切に実施する能力の基準として、以下（1）～（3）のいずれかを満たす必要があります。**なお、登録支援機関に支援を委託する場合は、この基準を満たすものとみなされます。**

（1）過去2年間に中長期在留者の受入れまたは管理を適正に行った実績に加え、支援責任者と支援担当者を選任している

　ここでいう中長期在留者は、入管法別表第1の1・2・5に定める在留資格によって在留するものに限られます。したがって、留学生アルバイトの雇用経験しかない事業者などは、この基準を満たすことができません。また、日本人の配偶者等といった、入管法別表第2に定められた身分に基づく資格で在留する人の雇用経験も、ここには含まれません。

（参考）入管法 別表第1・別表第2より著者作成　在留資格の種類

別表第1	
1	外交　公用　教授　芸術　宗教　報道
2	高度専門職　経営・管理　法律・会計業務　医療　研究　教育　技術・人文知識・国際業務　企業内転勤　介護　興行　技能　特定技能　技能実習
3	文化活動　短期滞在
4	留学　研修　家族滞在
5	特定活動

別表第2	
	永住者　日本人の配偶者等　永住者の配偶者等　定住者

※アミかけ部分はここでいう「中長期在留者」に含まれない。

　支援責任者は、その名のとおり、支援計画（第 4 講義を参照）の実施に関する責任者となります。特定技能所属機関の役職員から選任しますが、常勤であることは要件となっていません。ただし、支援担当者を監督する立場であることが求められます。

　これに対して、**支援担当者**は実際に支援を担当する者であることから、所属機関の常勤役職員であることが望まれます。さらに、事業所ごとの選任が求められますので、二つの工場に外国人を受け入れるのであれば、2 名の支援担当者が必要となるのです。

　なお、支援責任者と支援担当者は、それぞれの基準を満たしていれば、兼任することも可能です。

（2）支援責任者および支援担当者として、過去 2 年間に中長期在留者の生活相談業務を経験した者を選任している

　所属機関自体には実績がなかったとしても、経験者を支援責任者および支援担当者とすることによって、受入れ実績等の基準を満たせるパターンです。「中長期在留者」と「支援担当者・支援責任者」の要件は、（1）と同様です。

　なお、中長期在留者に対する生活相談には法律相談や労働相談なども含まれますが、業務として従事した実績が求められることから、ボランティアとしての経験は含まれません。

（3）（1）および（2）に該当する者と同程度に支援業務を適正に実施することができる者として、出入国在留管理庁長官が認めるもの

　外国人の受入れ実績がなくても、日本人労働者を適正かつ適切に雇用してきた実績があれば、外国人に対しても責任を持って適切に支援を実施することが見込まれる、という考え方です。この具体例として、運用要領には上場企業や独立行政法人、そして前年分の給与所得の源泉徴収額が1,500万円以上の企業などが挙げられています。要するに、技術・人文知識・国際業務などの在留資格を申請する際に基準となる所属機関の区分において、**カテゴリー 1 かカテゴリー 2 * に該当する事業者とほぼ同意義**だと考えてよいでしょう。

　なお、労働関係法令を順守していることが求められていますので、労働基準監督署から是正勧告を受けている場合は、この基準を満たすことができません。

（参考）（3）として想定される機関

- ・日本の証券取引所に上場している企業
- ・保険業を営む相互会社
- ・独立行政法人
- ・特殊法人・認可法人
- ・日本の国・地方公共団体認可の公益法人
- ・法人税法別表第1に掲げる公共法人
- ・前年分の給与所得の源泉徴収票等の法定調書合計表中、給与所得の源泉徴収 票合計表の源泉徴収額が1,500万円以上ある団体・個人

出所：特定技能運用要領（出入国在留管理庁）　※2019年12月現在

＊（参考）在留申請におけるカテゴリー1と2

カテゴリー1	カテゴリー2
（1）日本の証券取引所に上場している企業 （2）保険業を営む相互会社 （3）日本または外国の国・地方公共団体 （4）独立行政法人 （5）特殊法人・認可法人 （6）日本の国・地方公共団体の公益法人 （7）法人税法別表第1に掲げる公共法人 （8）一定の条件を満たす中小企業等	前年分の給与所得の源泉徴収票等の法定調書合計表中、給与所得の源泉徴収票合計表の源泉徴収税額が1,500万円以上ある団体・個人

出所：法務省ウェブサイト　※2019年12月現在

1-3 労働保険料・社会保険料・税金は納付済みである

> 特定技能外国人を受け入れる特定技能所属機関には、労働関係法令、社会保険関係法令および租税関係法令を順守していることが求められています。日本で事業を営むうえで当然の義務を果たしていなければ、特定技能外国人の受入れはできませんということです。そもそも法令を順守していないブラックな企業では外国人も働きたくないでしょう。

ここでいう「労働関係法令を順守している」とは、労働基準法等の基準にのっとって特定技能雇用契約が締結されていることや、労働保険の適用手続および保険料の納付を適切に行っていること、特定技能外国人との雇用契約にあたり、無許可のブローカー等からのあっせんでないことをいいます。

「社会保険関係法令を順守している」とは、適用事業所の場合、社会保険の適用手続および従業員の被保険者資格取得手続を行っており、所定の保険料を適切に納付していることをいいます。

「租税関係法令を順守している」とは、国税および地方税を適切に納付していることをいいます。

保険料および税金の納付状況確認のため、出入国在留管理局への在留諸申請の際に、労働保険であれば、**労働保険料等納付証明書**等の提出が、社会保険に関しては**社会保険料納付状況回答票**等の提出が、租税に関しては、**各種納税証明書**の提出が求められています。なお、労働保険料および社会保険料の未納があった場合であっても、地方出入国在留管理局の助言・指導に基づき保険料を納付した場合には、労働関係法令および社会保険関係法令を順守しているものと評価されますので、必要な手続きを行ってください。また、租税に関しても同様に納付すべき税に未納があった場合であっても、地方出入国在留管理局の助言・指導に基づき納付した場合には、租税関係法令を順守しているものと評価されますので、税務署等において相談のうえ、必要な手続きを行ってください。

1-4 ☑ 1年以内に非自発的離職者を発生させていない

特定技能所属機関には、特定技能雇用契約の締結日より前の1年以内に、受け入れる外国人が就く業務と同種の業務に従事していた労働者を離職させていないことが求められます。ただし、定年退職や自己都合退職の場合は、これに該当しません。

特定技能は人手不足解消を目的に創設された制度です。人手不足解消のために外国人を受け入れる企業が、その直前に会社都合で従業員を退職させていたら、筋が通らないでしょう。そのため、特定技能外国人を受け入れる所属機関には、同種の業務について、**1年以内に非自発的離職者を発生させていないことが求められているのです。**

ここでいう「労働者」には、外国人労働者はもちろん、日本人労働者も含まれます。ただし、いわゆる「フルタイム」の従業員が対象であるため、パートタイムやアルバイトの従業員は含まれません。また、「同種の業務」が要件ですので、受け入れる業務とは異なる業務に就いていた労働者も対象とはなりません。

要するに、**人件費を削減するため元からいた従業員を整理解雇して、特定技能外国人に入れ替えるような運用は、決して認められないのです。**

また、「非自発的離職」には、普通解雇だけでなく、希望退職の募集や退職勧奨なども含まれます。さらに、賃金の低下等、労働条件にかかる重大な問題により労働者が離職した場合などもこれにあたります。

一方、自発的な離職や定年退職はもちろん、自己の責めに帰すべき重大な理由による解雇、つまり懲戒解雇の場合は、非自発的離職にあたりません。

有期労働契約の場合は、期間満了時に労働者が更新を希望しなかった場合は対象外ですが、正当な理由なく使用者側が更新を拒絶した場合は、非自発的離職となります。

なお、非自発的離職者が1名でも発生していれば、この基準に適合しないことになります。また、**特定技能雇用契約の締結日より前の1年以内だけでなく、締結日以降に非自発的離職者が発生した場合も、この基準に不適合となります。**

1-5 1年以内に外国人の行方不明者を発生させていない

> 特定技能所属機関には、特定技能雇用契約の締結日より前の1年以内に、特定技能外国人と技能実習生について、行方不明者を発生させていないことが求められます。ただし、所属機関が適正な受入れを行っていたにもかかわらず発生した行方不明者については、これに該当しません。

　技能実習制度においては、いわゆる「失踪者」の発生が問題となっています。この失踪の原因を調べた結果、受入企業（実習実施者）に法令違反などの問題があった場合は、「実習実施者の責めによるべき失踪」として厳しく扱われることになっています。特定技能の制度においても同様に、**「所属機関の責めに帰すべき事由」により外国人の行方不明者を発生させている場合は、受入体制が不十分とみなされます。**

　責めに帰すべき事由となる例として、運用要領にはあらかじめ合意していた雇用条件通りに賃金を適正に支払っていない場合や、1号特定技能外国人支援計画を適正に実施していない場合などが挙げられています。

　ここで対象となる「外国人」には、特定技能外国人はもちろん、技能実習生も含まれています。一方で、留学生や永住者等の中長期在留者は含まれません。

　2018年における技能実習生の失踪者は9,052人でした＊。これに対して、2018年末における技能実習生の人数は32万8,360人です。仮に、年間の失踪者数を年末の実習生数で割った数字を「失踪率」とすると、2.76％となります。つまり、100人の実習生を受け入れたら、2～3人は失踪してしまってもおかしくないのです。

＊（参考）過去3年における技能実習生と失踪者の人数

	2016年	2017年	2018年
技能実習生	228,588人	274,233人	328,360人
失踪者	5,058人	7,089人	9,052人
失踪率	2.21％	2.59％	2.76％

出所：2019年度版 外国人技能実習・研修事業実施状況報告（JITCO白書）を基に作成

ただし、この失踪者数の中には、実習実施者が適切な受入れを行っているにもかかわらず、日本での不法就労を目的として失踪してしまったケースなども含まれています。このような例は後を絶たないため、特定技能においても失踪者（行方不明者）を念頭において制度を設計しているのでしょう。

1-6 ☑ ５年以内に一定の刑罰を受けたり技能実習を取り消されたりしていない

特定技能所属機関の要件として、一定の刑罰を受けていないことや、技能実習制度における認定取消を受けていないことが求められます。また、出入国または労働関係法令に関する不正行為を行っていないことも重要です。いずれも過去５年以内の実績で判断されます。

（1）関係法律による刑罰を受けたことによる欠格事由

　一定の刑罰を受けた事業者は、その執行を終わり、または執行を受けることがなくなった日から起算して５年間は、特定技能所属機関となることができません。禁錮または懲役の場合は法律に関係なく、罰金の場合は一部の法律によるものがこれに該当します。また、刑法については「傷害」「脅迫」「背任」等に限定されるなど、法律によっては一部の罰則のみ対象となっています。

（参考）罰金刑でも欠格事由に該当する法律の代表的なもの
　①外国人関連：入管法・技能実習法
　②労働関連：労働基準法・最低賃金法・労働者派遣法など
　③暴力団関連：暴力団対策法・刑法など
　④社会保険関連：労災保険法・雇用保険法・健康保険法・厚生年金保険法など

（2）実習認定の取消を受けたことによる欠格事由

　技能実習制度において技能実習計画の認定を取り消された事業者は、技能実習生の受入れが継続できなくなるのはもちろん、５年間は新たな技能実習計画の認定を受けられなくなります。要するに、実質的に５年間は、技能実習制度への参画が認められなくなるのです。

　技能実習生の受入れが認められない事業者なのですから、同じく外国人の技能労働者を雇用する制度である、特定技能での受入れも認められなくなるのは当然のことといえるでしょう。

　なお、技能実習法施行前の実習制度において受入れ停止の処分を受けている事業者も、受入れ停止期間が経過しない間は、特定技能所属機関となることができ

ません。

（3）出入国または労働関係法令に関する不正行為を行ったことに関する欠格事由

　特定技能雇用契約の締結日より前の5年以内または締結日以降に、出入国または労働関係法令に関する不正または著しく不当な行為を行った者も、特定技能所属機関にはなれません。

　なお、不正または著しく不当な行為に該当するかどうかは、事案の重大性に応じて個別具体的に判断されることになります。ちなみに、技能実習制度においては、労働安全衛生法による罰金刑を受けたことにより、認定を取り消された事例などがあります。

　（参考）不正または著しく不当な行為の代表的なもの

　　①外国人に対して暴行し、脅迫しまたは監禁する行為

　　②外国人の旅券または在留カードを取り上げる行為

　　③外国人に支給する手当または報酬の一部または全部を支払わない行為

　　④外国人の外出その他私生活の自由を不当に制限する行為

　　⑤保証金の徴収または特定技能雇用契約の不履行について違約金を定める契約を締結する行為

出所：運用要領を基に作成

　技能実習法においては、これらの行為と似た内容のものが、禁止行為として定められています。外国人に対して行われやすい不正行為の類型といえるのではないでしょうか。

　また、必要な届出を怠った場合や虚偽の届出を行った場合も、不正行為となる可能性があります。例えば、特定技能外国人の活動状況や支援の実施状況に関する届出を行うよう、繰り返し指導を受けたにもかかわらず、これを行わない場合などが該当します。

1-7 行為能力や適格性に問題がない

特定技能所属機関には、一定の行為能力と役員等の適格性が求められます。このため、個人事業主または法人の役員が判断能力に欠けている場合や破産者である場合は、特定技能所属機関になることはできません。また、現役の暴力団員はもちろん、直前まで暴力団員であった者も、欠格事由に該当します。

　特定技能所属機関として外国人を受け入れるにあたり、事業主の行為能力や役員等の適格性にも基準があります。具体的には、次のいずれかに該当する場合、特定技能所属機関となることはできません。

（1）精神の機能の障害により特定技能雇用契約の履行を適正に行うにあたっての必要な認知、判断、および意思疎通を適切に行うことができない者

　要するに、認知症等によって認知能力や判断能力が衰え、契約に定められた内容を適正に実施できない人は、所属機関の経営者として認められないのです。

　同様の規定は他の営業許可や資格の制度でも見られ、かつては「成年被後見人または被保佐人」と表現されていました。しかし、2019年6月7日に成立した「成年被後見人等の権利の制限に係る措置の適正化等を図るための関係法律の整備に関する法律」の影響で、随時このような表現に改められています。

　目安として、成年被後見人または被保佐人相当であれば、この要件に該当すると考えてよいのではないでしょうか。

（2）破産手続開始の決定を受けて復権を得ない者

　破産者は所属機関になれないと考えてよいでしょう。

（3）未成年者であって、その法定代理人が欠格事由に該当する者

　未成年者の場合、親権者等の法定代理人が許可すれば営業（ここでは所属機関の経営）を行うことができるのですが、その法定代理人が上記（1）（2）を含む欠格事由に該当する場合は、営業の許可も認められません。

また、暴力団排除の観点から、現役の暴力団員はもちろん、暴力団員でなくなった日から5年を経過しない者も、所属機関の経営者となることができません。

　なお、暴力団員や元暴力団員がその事業活動を支配する者——いわゆる「フロント企業」についても、特定技能制度からは排除されています。

1-8 直前期が債務超過になっていない

特定技能所属機関には、特定技能雇用契約を継続して履行する体制が適切に整備されていることが求められます。このため、直近2年分の決算書類などを提出して、一定の財政的基盤を有していることを証明する必要があります。

特定技能所属機関には、事業を安定的に継続できるだけの財政的基盤が求められます。なぜなら、特定技能外国人と締結した特定技能雇用契約を、確実に履行していく必要があるからです。

この証明として、決算書類（貸借対照表および損益計算書*）と法人税の確定申告書（控）を、それぞれ2年分提出することになります。
＊法人の種類によっては収支計算書

設立から日が浅く、2年分の書類を提出できない場合は、その時点で存在するものの提出が求められます。また、設立後最初の決算期を終了していない法人の場合は、成立の日における貸借対照表（設立時貸借対照表）の提出が求められます。

財政的基盤については、欠損金や債務超過の有無等から総合的に判断されることになります。このため、**直近の決算において債務超過の状態になっている場合は、改善の見通しについて評価を行った書面の提出が必要となります。**

この書類は、企業評価を行う能力を有すると認められる、公的資格を持つ第三者が作成したものでなければなりません。公的資格者について、運用要領には「中小企業診断士、公認会計士等」と記載されていますので、この「等」の中に税理士も含まれる可能性があります。

ちなみに、自社で受け入れていた技能実習生を特定技能外国人として雇用しようとする場合は、決算書類（2年分）の提出を省略することができます。ただし、過去1年以内に技能実習法の「改善命令」を受けている場合は、決算書類の提出を省略することができません。

1-9 ✓ 協議会の構成員になっている

特定技能外国人を受け入れるすべての受入機関は、制度の適切な運用を図るため特定産業分野ごとに分野所管省庁が設置する協議会の構成員になる必要があります。

　協議会においては、構成員の連携の緊密化を図り、各地域の事業者が必要な特定技能外国人を受け入れられるよう、制度や情報の周知、法令順守の啓発のほか、地域ごとの人手不足の状況を把握し、必要な対応等を行うとされています。

　例えば、飲食料品製造業ですと、農林水産省が「食品産業特定技能協議会」を外食業分野と共同で設置していますので、受入機関はこの協議会の構成員になることが求められています。ただし、建設分野においては、受入機関は建設業者団体が共同で設置する法人に所属することが求められ、当該法人が協議会構成員となります（後述5－5参照）。

　協議会の活動内容をもう少し具体的に見てみますと、次のような活動となります。

○特定技能外国人の受入れに係る制度の趣旨や優良事例の周知

○特定技能所属機関等に対する法令順守の啓発

○就業構造の変化や経済情勢の変化に関する情報の把握・分析

○地域別の人手不足の状況の把握・分析

○人手不足状況、受入れ状況等を踏まえた大都市圏等への集中回避に係る対応策の検討・調整（特定地域への過度な集中が認められる場合の構成員に対する必要な要請等を含む）

○受入れの円滑かつ適正な実施のために必要なその他の情報・課題等の共有・協議等

　特定技能所属機関が、初めて特定技能外国人を受け入れる場合、特定技能外国人の入国後4カ月以内に協議会に加盟し必要な協力を行う必要があります。この場合、地方出入国管理局への在留諸申請の際に、当該特定技能外国人の入国後4カ月以内に協議会の構成員となる旨の誓約書の提出が必要です。

1-10 分野固有の基準を満たしている

> 受入企業の業種によっては、特定技能所属機関に共通の基準だけでなく、分野別に定められた固有の基準を満たす必要があります。

　特定技能外国人の受入れに関する基準は、政府の策定した「基本方針」に基づいて、出入国在留管理庁が「運用要領」にまとめています。さらに、各分野を所管する行政機関の長などによって「分野別運用方針」が策定され、その内容が「分野別運用要領」にまとめられているのです。

　この分野別運用要領において、全分野共通の基準に上乗せされる、分野に固有の基準が解説されています。細かい注意点もありますので、分野別に確認していきましょう。

　なお、建設分野については多くの独自基準が定められていることから、特別に「第5講義」を設けて解説しています。そのため、ここでの解説は省略しています。

◆介護分野

　介護分野については、**受入れ人数に上限があります**。これは介護分野と建設分野だけに定められた基準です。

　具体的には、「1号特定技能外国人の人数枠が、受入事業所における常勤の介護職員の総数を超えないこと」となっています。この「常勤の介護職員」には、日本人労働者の他、次に掲げる外国人材が含まれます。

　①介護福祉士国家試験に合格したEPA（経済連携協定に基づく外国人）介護福祉士

　②在留資格「介護」により在留する者

　③永住者や日本人の配偶者など、身分・地位に基づく在留資格により在留する者

　ですから、技能実習生やEPA介護福祉士候補者、そして留学生については、上の「常勤の介護職員」には含まれません。

また、受入れ先が介護事業所でなければならないのは当然ですが、介護福祉士国家試験の受験資格を満たすために必要な実務経験が積める事業所であることも必要です。なお、**受け入れる事業所は「施設」でなければならず、訪問介護等の訪問サービスは対象外となっています。**

　そして、１号特定技能外国人となるために必要な技能および日本語能力に関しては、評価試験等の合格と技能実習２号の修了の他に、「介護福祉士養成施設修了」と「EPA介護福祉士候補者としての在留期間満了（４年間)」があります。

　介護福祉士の国家試験に合格すると、在留資格「介護」に移行できる可能性があるのですが、合格できなかった場合でも特定技能外国人として日本に残る道ができたわけです。

　なお、在留資格「介護」があるため、介護分野については、特定技能２号での受入れは今後も実現しない可能性があります。

◆ビルクリーニング

　ビルクリーニング分野固有の基準としては、「建築物における衛生的環境の確保に関する法律第12条の２第１項第１号または第８号に掲げる事業の登録を受けた営業所」というものがあります。この登録は、建築物の環境衛生上の維持管理を行う事業者において、一定の基準を満たしている場合に都道府県知事から受けられるものです。登録の有効期間は６年ですので、６年ごとに新たに登録を受けなければなりません。

　法律第12条の２第１項第１号は「建築物清掃業」、同第８号は「建築物環境衛生総合管理業」となっており、それぞれ物的基準と人的基準が定められています。物的基準としては、真空掃除機や床みがき機などの機械器具が必要になりますし、人的基準としては、技能検定の合格者等が講習を受けていることなどが求められます。

　登録を受けた事業者でなければ、登録業者である旨の表示を行うことはできません。ただし、登録を受けない事業者が建築物の維持管理に関する業務を行うことについては、特に制限がありません。そのため、無登録のままビルクリーニング業を営んでも問題はないのですが、**特定技能外国人を受け入れるのであれば、「建築物清掃業」または「建築物環境衛生総合管理業」の登録が必要になるのです。**

◆素形材産業分野
◆産業機械製造業分野
◆電気・電子情報関連産業分野

　いわゆる「製造業３分野」については、それぞれ該当する日本標準産業分類の業種であることなどが求められるものの、特徴的な基準はありません。全分野に共通する基準を満たしていれば、特に問題ないのではないでしょうか。

◆建設分野

　分野固有の基準が多岐にわたるため、「第５講義」を設けて解説しています。

◆造船・舶用工業分野

　造船・舶用工業分野固有の基準として、所属機関が**当該分野に係る事業を営む者であることについて、国土交通省の確認を受けなければなりません。**その際、造船業の届出や小型船造船業の登録等が必要になります。

（参考）造船・舶用工業に係る事業を営む者
　（１）造船業
　　①造船法第６条第１項第１号又は第２号の届出を行っている者
　　②小型船造船業法第４条の登録を受けている者
　　③上記①又は②の者からの委託を現に受けて船体の一部の製造又は修繕を行う者
　（２）舶用工業（（１）に該当する者を除く。）
　　①造船法第６条第１項第３号又は第４号の届出を行っている者
　　②船舶安全法第６条の２の事業場の認定を受けている者
　　③船舶安全法第６条の３の整備規程の認可を受けている者
　　④船舶安全法第６条の３の事業場の認定を受けている者
　　⑤船舶安全法第６条の４の型式承認を受けている者
　　⑥海洋汚染等及び海上災害の防止に関する法律の規定に基づき、上記②から⑤までに相当する制度の適用を受けている者
　　⑦工業標準化法第19条第１項の規定に基づき、部門記号Ｆに分類される鉱工業品に係る日本工業規格について登録を受けた者の認証を受けている者

⑧船舶安全法第２条第１項に掲げる事項に係る物件（構成部品等を含む。）の製造又は修繕を行う者

⑨造船造機統計調査規則第５条第２号に規定する船舶用機関又は船舶用品（構成部品等を含む。）の製造又は修繕を行う者であって同規則に基づき調査票の提出を行っているもの

⑩上記以外で、①から⑨までに規定する者に準ずるものとして国土交通省海事局船舶産業課長が認める者

出所：造船・舶用工業分野に係る特定技能外国人受入れに係る事務取扱要領（国海産第751号 2019年３月25日）

なお、造船・舶用工業分野については、建設分野と同様、２号特定技能外国人の受入れが予定されています。

◆自動車整備分野

自動車整備分野固有の基準には、「道路運送車両法第78条第１項に基づき地方運輸局長から認証を受けた事業場を有すること」があります。つまり、「**認証工場」でなければ、特定技能外国人の受入れができないのです。**

ちなみに、認証工場の中で一定の基準を満たすものは、「指定工場」となることができます。一般に「民間車検場」と呼ばれ、ここで検査を行うことによって、運輸支局等に車両を持ち込まなくても車検を受けられる仕組みになっています。「認証工場」と聞くとこちらをイメージする方もいらっしゃるかもしれませんが、特定技能外国人の受入れについては、この指定工場であることまでは求められていません。

また、自動車整備分野については、**登録支援機関にも固有の基準があります。**具体的には、支援責任者、支援担当者その他外国人の支援を行う者として、次のいずれかの者を配置しなければなりません。

・自動車整備士１級または２級の資格を有する者
・自動車整備士の養成施設における指導の実務経験が５年以上である者

◆航空分野

航空分野には、次の基準が定められています。

（参考）告示第２条第１号

　　空港管理規則（昭和27年運輸省令第44号）第12条第１項若しくは第12条
　の２第１項の承認を受けた者（航空法（昭和27年法律第231号）第100条第
　１項の許可を受けた者を含む。）若しくは同規則第13条第１項の承認を受けた
　者若しくは同規則第12条第１項、第12条の２第１項若しくは第13条第１項の
　規定に準じて定められた条例、規則その他の規程の規定に相当するものに基
　づき空港管理者により営業を行うことを認められた者であって、空港グラン
　ドハンドリングを営む者であること、又は同法第20条第１項第３号、第４号
　若しくは第７号の能力について同項の認定を受けた者若しくは当該者から業
　務の委託を受けた者であること。

　要するに、**一定の承認等を受けた空港グランドハンドリング業者か、国土交通
大臣による認定を受けた航空機整備業者（もしくはそこから委託を受けた者）で
あることが必要なのです。**

◆宿泊分野

　宿泊分野固有の基準として、「旅館業法第３条第１項の旅館・ホテル営業の許
可を受けていること」があります。このため、同じく旅館業法に定められた「簡
易宿所営業と下宿営業」は対象外となります。

　また、風営法第２条第６項第４号に規定する施設（いわゆる「ラブホテル」）
での就労は禁止されていますし、風営法第２条第３項に規定する接待（いわゆる
「キャバクラ」等で行われる接客）を行わせることもできません。

◆農業分野

　農業分野においては、**派遣形態での受入れが可能です。**これによって、農繁期
や農閑期に応じた適切な人員の配置が期待されます。

　一方、労働者派遣でなく直接雇用で受け入れる場合、特定技能所属機関には、
過去５年以内に労働者（技能実習生を含む）を６カ月以上継続して雇用した経験
が求められます。

　また、農業は天候等の自然条件によって労働環境が左右されることから、労働
基準法のうち「労働時間・休憩・休日」に関する規定が適用されません。ただ
し、**特定技能外国人に対しては、労働基準法を参考にしながら、過重な長時間労**

働とならないよう、**適切な労働時間管理や休憩・休暇の設定が求められます。**

　なお、特定技能所属機関が個人事業主であり、労働保険の暫定任意適用事業に該当する場合は、労災保険の代替措置として、労災保険に類する民間保険に加入することが求められます。

◆漁業分野

　漁業分野も農業分野と同様、**派遣形態での受入れが可能となっています。** また、同じく労働基準法のうち「労働時間・休憩・休日」に関する適用除外がありますが、やはり過重な長時間労働とならないよう、**適切な労働時間管理や休憩・休暇の設定が求められます。** 労働保険の暫定任意適用事業に該当する場合についても、やはり同様の取扱いが必要です。

◆飲食料品製造業分野

　飲食料品製造業分野については、原則的に食品衛生法等に基づく営業許可が必要な業種での受入れとなりますが、営業許可を受けていることは基準となっていません。ただし、**協議会への加入に際して、保健所長による営業許可証の写し等を求められる可能性があります。**

◆外食業分野

　外食業分野についても、原則的に食品衛生法等に基づく営業許可が必要な業種での受入れとなります。こちらは「確認対象の書類」に「保健所長の営業許可証の写し」が含まれていますので、**実質的に営業許可を受けていることが基準の一つになっていると考えてよいでしょう。**

　また、風営法第2条第3項に規定する接待飲食等営業を行う営業所（いわゆる「キャバクラ」等）においての就労は禁止されていますし、この営業所に該当しなくても、ここで規定される「接待」を特定技能外国人に行わせることはできません。

在留資格諸申請と所属機関が行うべき各種届出について

●出入国在留管理局への在留資格諸申請手続

　1号特定技能外国人として日本で働くには、まず、その外国人が「特定技能1号」の在留資格を得る必要があります。「特定技能1号」の在留資格を取得する方法としては、次の二つの方法が考えられます。

①**海外にいる外国人の場合**：地方出入国在留管理局へ**在留資格認定証明書交付申請**を行います。在留資格認定証明書が交付されたら、それを海外にいる申請人に送り、申請人が海外の日本大使館または領事館でビザ申請を行います。無事にビザが取得できたら、日本の入国手続を経て、空港等で在留資格の付与を受けることができます。

　この方法の場合、申請人たる外国人は海外にいますので、地方出入国在留管理局への在留資格認定証明書交付申請書の提出は、特定技能所属機関等が申請代理人となり行うこととなります。

②**日本に在留中の外国人の場合**：すでに留学等の在留資格で日本に在留している方など（短期滞在等で在留中の者は除く）の場合、地方出入国在留管理局へ**在留資格変更許可申請**を行い、許可されれば、新たな在留資格「特定技能1号」の付与を受けることができます。

　この方法の場合、地方出入国在留管理局への在留資格変更許可申請は、申請人たる外国人本人が行うか、もしくは特定技能所属機関等が申請取次者として行うこととなります。

●所属機関が行うべき各種届出

　特定技能所属機関は、1号特定技能外国人を受け入れた後も、特定技能雇用契約や支援計画等に関する各種届出が義務付けられています。これらの届出は、在留資格諸申請と異なり、各種届出書および必要な添付資料を地方出入国在留管理

局へ郵送によって行うことも認められています。届出の不履行や虚偽の届出については、罰則の対象とされていますので、どのようなときに何を届出すべきか、しっかり理解する必要があります。届出種別については次の表を参照ください。

　また、出入国在留管理局に各種届出が受理された後、出入国在留管理局において届出内容から基準不適合が確認された場合には、是正するよう指導・助言が行われます。指導・助言を受けた特定技能所属機関は、当該指導・助言に従って是正を行ってください。

届出種類	どんなときに	いつ
雇用契約に関する届出	特定技能雇用契約の変更をしたとき	変更日から14日以内
	特定技能雇用契約が終了したとき	終了日から14日以内
	新たな特定技能雇用契約の締結をしたとき	締結日から14日以内
支援計画に関する届出	1号特定技能外国人支援計画を変更したとき	変更日から14日以内
登録支援機関との委託契約に関する届出	支援委託契約を締結したとき	締結日から14日以内
	支援委託契約を変更したとき	変更日から14日以内
	支援委託契約が終了したとき	終了日から14日以内
受入れ困難時の届出	特定技能外国人の受入れが困難となったとき	事由が生じた日から14日以内
不正行為等を知ったときの届出	出入国または労働関係法令に関する不正行為等を認知したとき	認知の日から14日以内
受入れ状況に関する届出	四半期ごと	翌四半期の初日から14日以内
支援計画の実施状況に関する届出	四半期ごと	翌四半期の初日から14日以内
活動状況に関する届出書	四半期ごと	翌四半期の初日から14日以内

第2講義

『特定技能』外国人

どんな外国人なら特定技能ビザを
取得可能かチェックしよう

　　特定技能外国人とは、特定技能の在留資格を有す
る外国人のことです。特定技能外国人には、日本で
適切な活動を行っていくことが求められます。その
ため、入管法令において、技能と日本語能力の水準
をはじめとした、外国人に関する基準が細かく定め
られています。第2講義では、特定技能外国人に求
められる基準を一つずつ確認していきましょう。

2-1 ✓ 送出し国が適正である

特定技能で日本に呼べる外国人には、国籍の要件はありません。ただし、日本からの退去強制に協力しない国・地域からの受入れは除外されています。これに対して、日本政府との間で二国間取決めを締結した国については、送出機関の整備等が進められ、他の国に比べて受入れが順調に進んでいくものと考えられます。

　特定技能で日本に呼べる外国人について、国籍は特に限定されていません。ただし、送出し国については、「退去強制令書の円滑な執行への協力」が要件となっています。そのため、入管法違反等で退去強制（強制送還）が生じた際に自国民の引取り義務を履行しないなど、退去強制令書の円滑な執行に協力しない国や地域からの受入れは認められていません。

　2019年4月1日時点において、この基準によって除外される国・地域は、イラン・イスラム共和国のみとなっています。

　その他の国・地域からの受入れについては、特に制限がありません。この中で、**日本政府との間で協力覚書（二国間取決め）が締結されている国については、送出し国の政府が送出機関を認定するなどの取組が行われており、今後の積極的な受入れが見込まれます。**

　この取決めは、悪質な仲介業者の排除や情報共有の枠組構築を目的として締結されています。2019年12月の時点で二国間取決めが締結されているのは、次の11カ国です。

（参考）協力覚書（二国間取決め）の締結国と締結日 　　　　（2019年12月現在）

送出し国	締結日	送出し国	締結日
フィリピン	2019/03/19	インドネシア	2019/06/25
カンボジア	2019/03/25	ベトナム	2019/07/01
ネパール	2019/03/25	バングラデシュ	2019/08/27
ミャンマー	2019/03/28	ウズベキスタン	2019/12/17
モンゴル	2019/04/17	パキスタン	2019/12/23
スリランカ	2019/06/19	出所：JITCOウェブサイト	

　つまり、特定技能外国人の送出し国については、①二国間取決めが締結された「主要11カ国」、②両国の法令を順守すれば受入れ可能な国、③退去強制への非協力を理由に受入れが認められない国、の三つに分けて考えることができるのです。

2-2 ☑ 18歳以上である

特定技能外国人として日本で働いてもらう場合、学歴については特に基準はないのですが、年齢については、その対象外国人が18歳以上である必要があります。

　日本の労働法制上、18歳未満の労働者に関しては特別な保護規定を定めていることから、特定技能外国人に関しても18歳以上であることを求めたものです。

　ただし、外国人が18歳未満であっても、その外国人を本国から呼び寄せる場合の手続きとして在留資格認定証明書交付申請を行うことは可能です。その場合であっても、日本に上陸する時点において、18歳以上でなければなりませんので、在留資格認定証明書の有効期限（交付日から３カ月）を考慮して在留資格認定証明書の交付申請を行う必要があります。

2-3 ☑ 技能水準を満たす試験に合格している

> 1号特定技能外国人には、「従事しようとする業務に必要な相当程度の知識または経験を必要とする技能を有していること」が求められます。この技能を証明するために、国外または国内で実施される試験に合格する方法があります。試験の基準は、政府基本方針を受けて分野ごとに定められています。

　1号特定技能外国人は、特定産業分野において即戦力となることが期待されています。そのため、一定水準以上の技能を有する人材しか受け入れることができません。そして、**この水準は「3級相当の技能検定等の合格水準」**（技能検定については昼−1参照）**と同程度とされています。**

　技能試験は原則的に学科試験と実技試験によって行われます。ただし、事情があればどちらか一方のみの実施とすることも可能です。例えば、ビルクリーニング分野の試験では、実技試験の中に「写真・イラストを用いた判断試験」が入っており、これによって知識の程度も測れることから、学科試験は実施されません。

　学科試験の方法としては、一般的な筆記試験だけでなく、パソコン上で出題と解答を実施する「コンピューター・ベースド・テスティング（CBT）方式」などが採用されています。また、出題形式には、正誤問題や三択問題などがあります。

　実技試験は、実際に作業を行うものだけでなく、ビルクリーニング分野のような判断試験もあります。また、宿泊分野では、口頭試問によって実技試験を行うことになっています。

　国外での試験を想定して創設された試験ではありますが、2019年度においては、分野ごとに準備が整った国から実施している状況です。試験に用いられる言語については、日本語をベースとしつつ、分野によっては専門用語のみ多言語対応としているものもあります。

　受験資格にも一定の決まりがあります。まず、年齢は17歳以上であることが要件となっています。また、**退学・除籍となった留学生や失踪した実習生はもちろ**

ん、難民申請中の人や技能実習中の人についても、国内での受験資格が認められていません。

　ちなみに、「3級相当の技能検定等」には、日本人向けに実施される、いわゆる「技能士試験」としての技能検定3級だけでなく、技能実習生向けの試験である、技能検定の随時3級または技能実習評価試験の専門級も含まれます。随時3級と専門級は、いずれも技能実習2号修了時の目標として設定されるものですので、技能について、技能実習2号の修了者と同レベルを求められていることがわかります。

　なお、建設分野と造船・舶用工業分野の一部、そして自動車整備分野においては、この（日本人向けの）技能検定3級に合格することでも、技能水準を満たすことが可能です。

　ただし、技能実習2号修了者として認められる条件とは異なり、実技試験だけでなく学科試験にも合格する必要があります。また、技能実習生向けの検定等とは異なり、問題文に仮名が振ってあるとは限りません。さらに、技能検定3級を受検するには原則的に実務経験が必要となりますので、この方法で技能水準を証明するのは、かなり難しいのではないでしょうか。

　特定技能と技能実習の違いについては「お昼休み」（87 〜 102ページ）で説明していますので、そちらも参照してください。

2-4 日本語能力水準を満たす試験に合格している

> １号特定技能外国人には、「日本での生活および従事しようとしている業務に必要な日本語能力」が求められます。この日本語能力を証明するために、国外または国内で実施される試験に合格する方法があります。また、分野によっては、複数の日本語試験に合格することが必要です。

　１号特定技能外国人は、即戦力として日本で就労することが期待されています。そのため、日本語能力についても、一定の水準を満たしていなければなりません。外国人の日本語能力を測る試験として、**従来から世界的に活用されていた「日本語能力試験」に加えて、新設された「国際交流基金日本語基礎テスト」が認められています。**

（１）日本語能力試験（JLPT）

　1984年から、独立行政法人国際交流基金と公益財団法人日本国際教育支援協会によって実施されている試験です。目的は「日本語を母語としない人を対象に、日本語能力を測定し、認定すること」となっています。

　2018年の実績では、世界86の国・地域、296都市で開催されています（日本の47都道府県を含む）。毎年７月と12月に開催されていて、2018年の受験者数（２回の合計）は全世界で延べ100万人を超えました。

　実績のある試験ではありますが、2018年12月試験の海外応募者に対する調査によると、日本での仕事に役立てるために受験している人は、全体の約10％となっています。この結果から、必ずしも就労者向けの試験というわけではないことがうかがわれます。

　試験はマークシート方式で行われ、「言語知識（文字・語彙・文法）」、「読解」、「聴解（リスニング）」の能力を測定されます。

　この試験で１号特定技能の要件を満たすには、５段階で下から２番目の「**N４**」**に合格する必要があり**、その目安は「基本的な日本語を理解することができる」となっています。

　【参考】日本語能力試験公式ウェブサイト

(2) 国際交流基金日本語基礎テスト（JFT-Basic）

　2019年から、独立行政法人国際交流基金によって実施されている試験です。目的は「主として就労のために来日する外国人が遭遇する生活場面でのコミュニケーションに必要な日本語能力を測定し、『ある程度日常会話ができ、生活に支障がない程度の能力』があるかどうかを判定すること」となっています。

　2020年１月１日時点で実施予定日が公表されているのは、インドネシア・カンボジア・フィリピン・ネパールの４カ国です。

　新設された試験ですので、まだ実績こそ少ないものの、受験者のほとんどは特定技能外国人として日本での就労を目指す人たちだと推測されます。

　試験はコンピューター・ベースド・テスティング（CBT）方式により行われ、「文字と語彙」、「会話と表現」、「聴解（リスニング）」、「読解」の能力が測定されます。

　この試験で１号特定技能の要件を満たすには、６段階で下から２番目の「**A2**」**に合格する必要があり**、レベルの目安として、「ごく基本的な個人的情報や家族情報、買い物、近所、仕事など、直接的関係がある領域に関する、よく使われる文や表現が理解できる」、「簡単で日常的な範囲なら、身近で日常の事柄についての情報交換に応ずることができる」、「自分の背景や身の回りの状況や、直接的な必要性のある領域の事柄を簡単な言葉で説明できる」、の３点が挙げられています。

　【参考】国際交流基金日本語基礎テスト（JFT-Basic）ウェブサイト

　また、介護分野においては、（1）か（2）いずれかの合格に加えて、**新設の「介護日本語評価試験」に合格する必要があります。**

　試験はコンピューター・ベースド・テスティング（CBT）方式により行われ、試験科目は「介護のことば」、「介護の会話・声かけ」、「介護の文書」となっています。

　試験水準は「介護現場で介護業務に従事するうえで支障のない程度」となっています。技能実習「介護」においては、実習開始時点において日本語能力試験の「Ｎ４程度」が、２年目には「Ｎ３程度」が要求されていることから、技能実習２号修了者（経験３年）と同レベルの特定技能１号については、それに整合する水準となるはずです。

2-5 技能実習２号を修了している

1号特定技能外国人の基準を満たすためには、国外または国内で実施される試験に合格する方法以外に、国内で技能実習を修了して、関連する職種の特定技能に移行する方法があります。現在、技能実習は１号から３号まで最長５年間の制度となっていますが、２号までの３年間でも、この基準を満たすことが可能です。

　２－３と２－４で確認したとおり、１号特定技能外国人となるためには、一定レベルの技能と日本語能力が求められます。これは「試験その他の評価方法により証明」されることになりますが、**「技能実習２号を良好に修了」**していれば、この証明は不要です。

　2017年11月に技能実習法が施行される以前は、入管法の下で技能実習制度が運用されていました。また、2010年の入管法改正以前は「技能実習」という在留資格がなく、実習生は「研修（１年目）」と「特定活動（２年目以降）」の資格で技能実習を受けていました。

　そのため、１号特定技能に移行できる者として、現行制度での技能実習２号修了者だけでなく、旧制度での経験が２年10カ月を超える者も認められています。

　「良好に修了」しているかどうかは、**２号（２年目・３年目）の技能実習生が目標とする、技能検定３級の実技試験に合格していることが基準となっています**。技能検定がない職種・作業については、技能実習評価試験の専門級において、やはり実技試験に合格していることが求められます。

　ただし、旧制度においては技能検定の受検について現在ほど厳しく運用されていなかったことから、**３級に合格していない元実習生**もめずらしくないのが実情です。そういった「元実習生」を呼ぶ際には、その元実習生に対して実習を実施した事業者が作成した**「技能実習生に関する評価調書」**を提出しなければなりません。

　この評価調書には、実習中の出勤状況や技能等の習得状況、そして生活態度などが記載されます。また、定期監査等を行っていた監理団体からも所見を求める

ことになります。

　なお、現行制度において技能検定3級を受検していない人や合格できなかった人についても、評価調書の提出で要件を満たせる可能性があります。ただし、「病気等のやむを得ない事情により受検ができなかった」などの理由説明が必要になりますのでご注意ください。

　ちなみに、技能実習を実施していた事業者が、自分のところで育てた実習生を1号特定技能外国人として受け入れようとする場合は、評価調書の提出を省略することが可能です。ただし、1年以内に技能実習法の改善命令等を受けていないことが条件となります。

　技能実習3号の修了者はその前段階である2号も修了しているはずですから、この要件は当然に満たしています。ただし、実習の途中で特定技能に移行しようとすると、事前に認定されている技能実習計画から外れてしまいますので、技能実習計画との乖離とみなされる可能性があります。技能実習3号を修了してから特定技能に移行するのが無難でしょう。

　特定技能と技能実習の違いについては「お昼休み」（87 〜 102ページ）で説明していますので、そちらも参照してください。

2-6 健康状態が良好である

特定技能外国人として日本で働いてもらう場合、その対象外国人が特定技能に係る活動を安定的かつ継続的に行うことを確保する観点から、当該外国人の健康状態が良好であることが求められています。

　出入国在留管理局への在留資格認定証明書交付申請または在留資格変更許可申請の際に、健康診断の個人票を添付資料として提出する必要がありますので、特定技能外国人は日本に入国する前に、日本で行おうとする活動を支障なく行うことができる健康状態であることについて、本国で医師の診断を受けなければなりません。日本に在留中の技能実習生や留学生等は、日本の医療機関で医師の診断を受けることになります。

　海外で健康診断を受診する場合、国によっても一般的な健康診断項目というのは異なりますので、外国人任せにしてしまうと、特定技能の在留資格諸申請で必要な検診項目が抜け落ちている場合があります。

　検診項目としては、健康診断個人票（参考様式第1‐3号）に記載がある検診項目となりますので、母国語で記載された健康診断個人票を事前に送ってあげるなどするとよいでしょう。また、健康診断項目の中でも特に「胸部X線検査」に異常所見がある場合には、喀痰検査を実施し、活動性結核でないことを確認することが求められていますので、このあたりも注意してください。

　健康診断個人票は、申請人が十分に理解できる言語での作成が必要です。法務省のウェブサイトには、2019年10月現在、英訳および9カ国語（ベトナム語、タガログ語、インドネシア語、タイ語、ミャンマー語、カンボジア語、モンゴル語、ネパール語、中国語）に翻訳された様式が掲載されていますので、参考にしてください。

【ベトナム語翻訳付き健康診断個人票】

参考様式第１－３号
Mẫu Tham Khảo 1-3

健 康 診 断 個 人 票
Phiếu khám sức khỏe cá nhân

氏　　　　名 Họ và tên		生 年 月 日 Ngày tháng năm sinh	年　月　日 Ngày tháng năm	検診年月日 Ngày khám	年 月 日 Ngày tháng năm
		性　　別 Giới tính	男 ・ 女 Nam/Nữ	年　　齢 Tuổi	歳 tuổi

業　務　歴 Lý lịch công tác		血　　　　圧 Huyết áp		(mmHg)
		貧血検査 Kiểm tra thiếu máu	血 色 素 量 Lượng sắc tố máu	(g/dℓ)
			赤血球数（万/mm³） Số lượng hồng cầu(vạn/ mm³)	
既　往　歴 Bệnh sử		肝機能検査 Kiểm tra chức năng gan	G O T　　（IU/ℓ）	
			G P T　　（IU/ℓ）	
			γ - G T P　（IU/ℓ）	
自 覚 症 状 Triệu chứng chủ quan		血中脂質検 査 Kiểm tra mỡ trong máu	LDL コレステロール（mg/dℓ） LDL cholesterol	
			HDL コレステロール（mg/dℓ） HDL cholesterol	
			トリグリセライド（mg/dℓ） Triglyceride	
他 覚 症 状 Triệu chứng khách quan		血　糖　検　査　（mg/dℓ） Kiểm tra đường máu		
		尿　検　査 Xét nghiệm nước tiểu	糖 Đường	
身　長　（ｃｍ） Chiều cao			蛋　白 Đạm	

出所：法務省ウェブサイト

2-7 特定技能１号としての通算在留期間が５年以内である

特定技能１号の在留資格で在留できる期間は、通算で５年以内です。
「通算」ですから、特定産業分野を問わず、在留資格「特定技能１号」で日本に在留した期間をいい、過去に在留資格「特定技能１号」で在留していた期間も含まれます。

　もう少し具体的に、どのような期間が通算期間にカウントされるか見ていきましょう。

　例えば、再入国許可による出国（みなし再入国許可による出国を含む）による出国期間も当然通算されます。労災による休業期間や育児休業および産前産後休業等による休業期間、失業中の期間なども通算在留期間に含まれます。

　また、在留資格「特定技能１号」を有する者が行った在留資格更新許可申請または在留資格変更許可申請中（転職を行うためのものに限る）の特例期間や、2019年４月の改正入管法施行時の特例措置として「特定技能１号」への移行準備のために就労活動を認める「特定活動」で在留していた期間も通算在留期間にカウントされますので、これらの期間を通算して５年に達した時点で、残余の特定技能雇用契約期間や在留期限にかかわらず、以後の在留は認められないことになりますのでご注意ください。

　少し話は変わりますが、特定技能１号での在留期間が、在留資格「永住」の取得要件である在留期間に含まれるのかについて少し触れておきましょう。

　外国人が、在留資格「永住」を取得しようとした場合、原則として引き続き10年以上日本に在留している必要があります。ただし、この期間のうち、就労資格または居住資格をもって引き続き５年以上在留していることが要件となります。ここでいう５年の在留期間に「特定技能１号」での在留期間は含まれるのかというと、残念ながら含まれません。ちなみに在留資格「技能実習」の在留期間も同様に、この期間に算入することはできません。

2-8 本国において順守すべき手続きを経ている

特定技能外国人の国によっては、日本政府との間で協力覚書が締結されていることがあります。この二国間取決めの中に送出手続が定められている場合は、入国や在留資格の変更に際して、その手続きを守らなければなりません。

　特定技能制度においては、悪質な仲介業者の排除や情報共有の枠組構築を目的として、主要11カ国を中心に、日本政府と送出し国政府との間で、協力覚書（二国間取決め）の作成が進められています。この二国間取決めの中に、**順守すべき手続きが定められることもあります。**

（参考）協力覚書（二国間取決め）の締結国と締結日　　　　　　（2019年12月現在）

送出し国	締結日	送出し国	締結日
フィリピン	2019/03/19	インドネシア	2019/06/25
カンボジア	2019/03/25	ベトナム	2019/07/01
ネパール	2019/03/25	バングラデシュ	2019/08/27
ミャンマー	2019/03/28	ウズベキスタン	2019/12/17
モンゴル	2019/04/17	パキスタン	2019/12/23
スリランカ	2019/06/19		

出所：JITCOウェブサイト

　2019年9月26日時点では、カンボジア・インドネシア・ネパールの3カ国について、本国において必要な手続き（送出手続）が公開されています。また、2019年12月4日に、フィリピンの手続きに関する情報も追加されました。

送出し国	送出手続の中で特徴的なもの	
	母国から来日する外国人	日本国内に在留している外国人
カンボジア	・カンボジア労働職業訓練省（MoLVT）から認定を受けた送出機関に限定	・MoLVTからの証明書が必要（認定された送出機関を通じて請求）
インドネシア	・本人が海外労働者管理サービスシステム（SISKOTKLN）に登録 ・受入機関には労働市場情報システム（IPKOL）への登録を推奨（自社の元実習生を再雇用する場合を除く）	・本人がSISKOTKLNに登録

ネパール	・ネパール労働・雇用・社会保障省海外雇用局日本担当部門から海外労働許可証を取得（ビザ取得後）	・ネパール労働・雇用・社会保障省海外雇用局日本担当部門から海外労働許可証を取得（一時帰国時）
フィリピン	・受入機関が駐日フィリピン共和国大使館海外労働事務所（POLO）に必要書類を提出して、所定の審査を受けたうえで本国の海外雇用庁（POEA）に登録 ・本人がPOEAから海外雇用許可証（OEC）を取得	・受入機関が駐日フィリピン共和国大使館海外労働事務所（POLO）に必要書類を提出して、所定の審査を受けたうえで本国の海外雇用庁（POEA）に登録 ・本人がPOEAから海外雇用許可証（OEC）を取得（未取得の場合）

出所：法務省ウェブサイトを基に作成

　なお、特定技能に限らず、海外に渡航して労働するときに、本国から許可を得なければならない国があります。特定技能外国人になろうとする人の国籍または住所を有する国がこれに該当する場合は、必要な手続きを順守していなければなりません。

　例えば、ミャンマーでは、海外に渡航して労働を行うための手続きを経た者は、海外労働者用のIDカード（Overseas Worker Identification Card：通称スマートカード）を取得するよう勧奨されています。

在留資格とビザについて

　現在、入管法上の【在留資格】は、2019年4月1日に新しい在留資格「特定技能」が創設され、29種類になりました。大きく分けると次のようになります。

・就労が認められる在留資格が19種類
・身分に基づく就労制限のない在留資格が4種類
・就労の可否が指定される在留資格が1種類
・就労が認められない在留資格が5種類

在留資格一覧表

就労が認められる在留資格（活動制限あり）

在留資格	該当例	在留資格	該当例
外交	外国政府の大使、公使等及びその家族	研究	政府関係機関や企業等の研究者等
公用	外国政府等の公務に従事する者及びその家族	教育	高等学校、中学校等の語学教師等
教授	大学教授等	技術・人文知識・国際業務	機械工学等の技術者等、通訳、デザイナー、語学講師等
芸術	作曲家、画家、作家等	企業内転勤	外国の事務所からの転勤者
宗教	外国の宗教団体から派遣される宣教師等	介護	介護福祉士
報道	外国の報道機関の記者、カメラマン等	興行	俳優、歌手、プロスポーツ選手等
高度専門職	ポイント制による高度人材	技能	外国料理の調理師、スポーツ指導者等
経営・管理	企業等の経営者、管理者等	特定技能（注1）	特定産業分野（注2）の各業務従事者
法律・会計業務	弁護士、公認会計士等	技能実習	技能実習生
医療	医師、歯科医師、看護師等		

（注1）2019年4月1日から
（注2）介護、ビルクリーニング、素形材産業、産業機械製造業、電気・電子情報関係産業、建設、造船・舶用工業、自動車整備、航空、宿泊、農業、漁業、飲食料品製造業、外食業（2018年12月25日閣議決定）

身分・地位に基づく在留資格（活動制限なし）

在留資格	該当例
永住者	永住許可を受けた者
日本人の配偶者等	日本人の配偶者・実子・特別養子
永住者の配偶者等	永住者・特別永住者の配偶者、我が国で出生し引き続き在留している実子
定住者	日系3世、外国人配偶者の連れ子等

就労の可否は指定される活動によるもの

在留資格	該当例
特定活動	外交官等の家事使用人、ワーキングホリデー等

就労が認められない在留資格（※）

在留資格	該当例
文化活動	日本文化の研究者等
短期滞在	観光客、会議参加者等
留学	大学、専門学校、日本語学校等の学生
研修	研修生
家族滞在	就労資格等で在留する外国人の配偶者、子

※資格外活動許可を受けた場合は、一定の範囲内で就労が認められる。

出所：「新たな外国人材の受入れ及び共生社会実現に向けた取組」出入国在留管理庁

● 「在留資格」≒「ビザ（査証）」

「在留資格」と「ビザ（査証）」は厳密にいえば別物です。ニュースや新聞など
でも「就労ビザ」の更新や「留学ビザ」からの変更などのように、ビザと在留資
格を同じ意味として使われている場合が見受けられます。また、我々のような士
業等の専門家でも在留資格のことをビザと言い換えて説明することがよくありま
す。これは、一般的に馴染みの薄い「在留資格」という言葉より「ビザ」という
言葉を使った方が理解してもらいやすいといった判断からです。この書籍の中で
も本来は「在留資格」と記載したほうが正確なところを、少しでも皆さんにわか
りやすいようにと「ビザ」と記載している箇所がありますのでご了承ください。

● 【ビザ（査証）】とは

外国人が日本に入国するための条件として、日本に入国する前に、外国にある
日本の大使館や領事館において取得するものです。

日本の大使館や領事館が、その外国人の旅券をチェックし、その旅券が有効で
あることおよびビザに記載された範囲で旅券所持者を日本に入国させても支障が
ないという判断がされた際に、旅券に押される印またはシールのことで、当該外
国人が日本に入国しても支障がないという推薦の意味があります。日本の空港等
で入国審査官がその外国人の入国審査を行う際に、有効なビザを所持していなけ
ればいけません。

● 【在留資格】とは

外国人が日本へ入国する際に、その外国人の入国・在留の目的に応じて入国審
査官から与えられる資格のことです。空港等で入国審査官から与えられた【在留
資格】は、外国人が日本に在留し、活動するための法的地位や身分を定めたもの
といえますので、外国人が日本在留中に行うことができる活動の範囲は、原則こ
の付与された在留資格に定められた範囲内の活動のみということになります。上

陸許可によって、中長期在留者となった人には、在留資格等が記載された「在留カード」が交付されます。

「在留カード」の主な記載内容

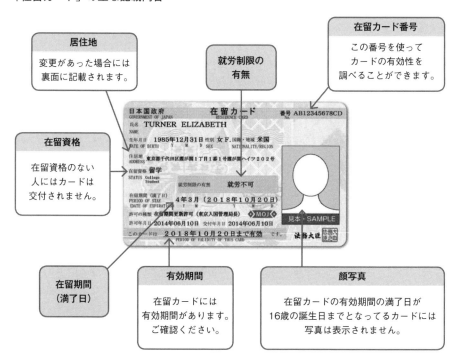

出所：出入国在留管理庁ウェブサイト

第3講義

『特定技能』雇用契約

 どんな雇用契約を結ぶ必要があるか
チェックしよう

　　特定技能雇用契約は、特定技能所属機関と特定技能外国人との間で結ばれる雇用契約のことです。雇用契約は、外国人労働者にとって不利なものとなってはいけません。そのため、入管法令等において、雇用契約に関する基準が細かく定められています。第3講義では、特定技能雇用契約の基準を一つずつ確認していきましょう。

3-1 ✓ 相当程度の知識または経験を必要とする技能を要する業務に従事させる

> 1号特定技能外国人に担当してもらう業務は「相当程度の知識または経験を要する業務」である必要があり、どのような業務でも担当させてよいというわけではありません。

　特定技能所属機関と1号特定技能外国人が雇用契約を交わす際に作成する雇用条件書には、当該外国人が従事すべき業務の内容を記載する必要があります。そこに記載すべき1号特定技能外国人に担当してもらう業務は「相当程度の知識または経験を要する業務」である必要があり、どのような業務でも担当させてよいというわけではありません。おおむね各分野の3級技能士レベルの技能者が担当するような業務に従事してもらうことになります。

　また、特定技能外国人について、特定技能外国人が従事する業務と同等の業務に従事する日本人が通常従事することとなる関連業務に付随的に従事することも差し支えないとされていますが、1日あたり何割程度など許容される具体的な割合は個々に異なります。

　なお、従前の特定産業分野の範囲内で業務区分に変更が生じた場合は、特定技能雇用契約に係る届出書（参考様式第3-1号）をもって、変更後の業務区分について届け出るとともに、変更後の業務区分に対応する相当程度の知識もしくは経験を要する技能を有していることまたは熟練した技能を有していることを証明する資料（技能試験の合格証明書）を添付しなければなりません。

　他方、業務区分の変更が、特定産業分野の変更を伴う場合にあっては、在留資格変更許可申請を行わなければならないことに留意してください。

　分野ごとの業務内容については、次の表を参照ください。

特定技能の業務内容一覧

	分野	従事する業務
①	介護	・身体介護等（利用者の心身の状況に応じた入浴、食事、排せつの介助等）のほか、これに付随する支援業務（レクリエーションの実施、機能訓練の補助等） （注）訪問系サービスは対象外　〔1試験区分〕
②	ビルクリーニング	・建築物内部の清掃　〔1試験区分〕
③	素形材産業	・鋳造　・鍛造　・ダイカスト　・機械加工　・金属プレス加工　・工場板金 ・めっき　・アルミニウム陽極酸化処理　・仕上げ　・機械検査　・機械保全 ・塗装　・溶接　〔13試験区分〕
④	産業機械製造業	・鋳造　・鍛造　・ダイカスト　・機械加工　・塗装　・鉄工　・工場板金 ・めっき　・仕上げ　・機械検査　・機械保全　・工業包装　・電子機器組立て ・電気機器組立て　・プリント配線板製造　・プラスチック成形 ・金属プレス加工　・溶接　〔18試験区分〕
⑤	電気・電子情報 関連産業	・機械加工　・金属プレス加工　・工場板金　・めっき　・仕上げ　・機械保全 ・電子機器組立て　・電気機器組立て　・プリント配線板製造　・プラスチック成形 ・塗装　・溶接　・工業包装　〔13試験区分〕
⑥	建設	・型枠施工　・左官　・コンクリート圧送　・トンネル推進工　・建設機械施工 ・土工　・屋根ふき　・電気通信　・鉄筋施工　・鉄筋継手　・内装仕上げ／表装 〔11試験区分〕
⑦	造船・舶用工業	・溶接　・塗装　・鉄工　・仕上げ　・機械加工　・電気機器組立て 〔6試験区分〕
⑧	自動車整備	・自動車の日常点検整備、定期点検整備、分解整備　〔1試験区分〕
⑨	航空	・空港グランドハンドリング（地上走行支援業務、手荷物・貨物取扱業務等） ・航空機整備（機体、装備品等の整備業務等）　〔2試験区分〕
⑩	宿泊	・フロント、企画・広報、接客、レストランサービス等の宿泊サービスの提供 〔1試験区分〕
⑪	農業	・耕種農業全般（栽培管理、農産物の集出荷・選別等） ・畜産農業全般（飼養管理、畜産物の集出荷・選別等）　〔2試験区分〕
⑫	漁業	・漁業（漁具の製作・補修、水産動植物の探索、漁具・漁労機械の操作、水産動植物の採捕、漁獲物の処理・保蔵、安全衛生の確保等） ・養殖業（養殖資材の製作・補修・管理、養殖水産動植物の育成管理・収穫（穫）・処理、安全衛生の確保等）　〔2試験区分〕
⑬	飲食料品製造業	・飲食料品製造業全般（飲食料品（酒類を除く）の製造・加工、安全衛生） 〔1試験区分〕
⑭	外食業	・外食業全般（飲食物調理、接客、店舗管理）　〔1試験区分〕

出所：「新たな外国人材の受入れ及び共生社会実現に向けた取組」出入国在留管理庁

3-2 ✓ 労働時間は通常の労働者の 所定労働時間と同等である

> 特定技能外国人の所定労働時間が、特定技能所属機関に雇用される通常の労働者の所定労働時間と同等である必要があります。

　特定技能外国人は、**フルタイム**での業務に従事することが想定されていますので、比較対象となる「**通常の労働者**」とは、パートタイマーやアルバイト従業員のことではなく、フルタイムの一般労働者のことを指します。

　特定技能制度における「フルタイム」とは、原則、労働日数が週5日以上かつ年間217日以上であって、かつ、週労働時間が30時間以上であることをいいます。比較対象となるフルタイム社員に適用される就業規則において規定されている所定労働時間が例えば週40時間であれば、特定技能外国人の所定労働時間も40時間ということになります。

　労働時間に関しては、特定技能外国人と交わす**雇用条件書（参考様式第1－6号）**に必ず記載が必要です。雇用条件書は、特定技能外国人が十分に理解できる言語により作成し内容を十分に理解したうえで署名をもらってください。

【雇用条件書】

参考様式第１－６号

雇　用　条　件　書

年　　月　　日

＿＿＿＿＿＿＿＿＿　殿

特定技能所属機関名　＿＿＿＿＿＿＿＿＿
所在地　＿＿＿＿＿＿＿＿＿
電話番号　＿＿＿＿＿＿＿＿＿
代表者　役職・氏名　＿＿＿＿＿＿＿＿＿　㊞

Ⅰ. 雇用契約期間
　1. 雇用契約期間
　　（　　年　月　日～　　年　月　日）　　　入国予定日　　年　月　日
　2. 契約の更新の有無
　　　□　契約の更新はしない　　　□　原則として更新する
　　※　会社の経営状況が著しく悪化した場合等には, 契約を更新しない場合がある。

Ⅱ. 就業の場所
　□　直接雇用（以下に記入）　　　　　□　派遣雇用（別紙「就業条件明示書」に記入）
　事 業 所 名　＿＿＿＿＿＿＿＿＿
　所 在 地　＿＿＿＿＿＿＿＿＿
　連 絡 先　＿＿＿＿＿＿＿＿＿

Ⅲ. 従事すべき業務の内容
　1. 分　　野　（　　　　　　　　）
　2. 業 務 区 分　（　　　　　　　　）

Ⅳ. 労働時間等
　1. 始業・終業の時刻等
　(1) 始業（　時　分）　終業（　時　分）　（1日の所定労働時間数　時間　分）
　(2)【次の制度が労働者に適用される場合】
　　□　変形労働時間制：（　　）単位の変形労働時間制
　　※　1年単位の変形労働時間制を採用している場合には, 乙が十分に理解できる言語を併記した年間カレンダーの写し及び労働基準監督署へ届
　　　け出た変形労働時間制に関する協定書の写しを添付する。
　　□　交代制として, 次の勤務時間の組合せによる。
　　　始業（　時　分）終業（　時　分）（適用日　　, 1日の所定労働時間　時間　分）
　　　始業（　時　分）終業（　時　分）（適用日　　, 1日の所定労働時間　時間　分）
　　　始業（　時　分）終業（　時　分）（適用日　　, 1日の所定労働時間　時間　分）
　2. 休憩時間　（　　分）
　3. 所定労働時間数　①週（　時間　分）②月（　時間　分）③年（　時間　分）
　4. 所定労働日数　①週（　日）②月（　日）③年（　日）
　5. 所定時間外労働の有無　□　有　　□　無
　　　　　　　　　　○詳細は, 就業規則　第　条～第　条, 第　条～第　条, 第　条～第　条

Ⅴ. 休日
　1. 定例日：毎週　　曜日, 日本の国民の祝日, その他（　　　　　）（年間合計休日日数　　日）
　2. 非定例日：週・月当たり　　日, その他（　　　　　）
　　　　　　　　　　○詳細は, 就業規則　第　条～第　条, 第　条～第　条

～時間外労働の上限規制～

　長時間労働を是正することによってワーク・ライフ・バランスの改善を目指すことを目的に、今般の働き方改革の一環として労働基準法が改正され、時間外労働の上限が法律に規定されました。時間外労働（休日労働は含まず）の上限は、原則として月45時間・年360時間となり、臨時的な特別の事情がなければ、これを超えることはできなくなります。臨時的な特別の事情があって労使が合意する場合でも、時間外労働は年720時間以内。時間外労働＋休日労働は月100時間未満、2～6カ月で平均80時間以内とする必要があります。原則である月45時間を超えることができるのは、年6カ月までです。法違反の有無は「所定外労働時間」ではなく、「法定外労働時間」の超過時間で判断されます。大企業への施行は2019年4月ですが、中小企業への適用は1年猶予され2020年4月となります。

　なお、建設業については、この上限規制は一時的に猶予され、2024年4月からの適用となります。ちなみに、大企業も中小企業も同時にスタートします。

3-3 日本人と同等以上の報酬額を設定している

> 特定技能外国人に対する報酬が、日本人が従事する場合の報酬の額と同等以上である必要があります。

　特定技能外国人に対する報酬の額については、外国人であるという理由で不当に低くなることがあってはなりません。同等程度の技能等を有する者であれば、日本人であろうが外国人であろうが、国籍に関係なく同水準の報酬を支払う必要があります。ここでいう「報酬」とは「一定の役務の給付の対価として与えられる反対給付」をいい、一般的に通勤手当、扶養手当、住宅手当等の実費弁償の性格を有するもの（課税対象となるものは除く）は含まれません。

　地方出入国在留管理局への在留資格諸申請の際、「**特定技能外国人の報酬に関する説明書（参考様式第１−４号）**」を提出することになりますが、ここで申請人に対する報酬が、日本人が従事する場合の報酬の額と同等以上であることを説明します。

　比較対象となる日本人がいる場合には、その人の職務内容・責任の程度・経験年数等を勘案し、報酬額が申請人と同等である旨を説明することになります。どの程度の日本人を比較対象とするかというと、特定技能外国人は、技能実習２号修了者であればおおむね３年間、技能実習３号修了者であればおおむね５年間、日本に在留し技能実習を修了した者であることから、従事しようとする業務について、おおむね３年程度または５年程度の経験者として取り扱う必要がありますので、１号特定技能外国人の報酬の額については、技能実習生を受け入れている場合には、技能実習２号修了時の報酬額を上回ることはもとより、実際に３年程度または５年程度の経験を積んだ日本人の技能者に支払っている報酬額とも比較し、適切に設定する必要があります。比較対象となる日本人がいない場合には、賃金規程等から判断することになります。

　ちなみに報酬体系に関しては、月給制に限定されているわけではなく、時給制でも問題ありません（※建設分野を除く。詳しくは５−７参照）。

【特定技能外国人の報酬に関する説明書】

参考様式第1-4号

特 定 技 能 外 国 人 の 報 酬 に 関 す る 説 明 書

　申請人に対する報酬については，以下のとおり，「日本人が従事する場合の報酬の額と同等以上であること」を担保しています。

1　申請人に対する報酬

①申請人の氏名	
②申請人の役職，職務内容，責任の程度	
③申請人の年齢，性別及び経験年数	（　　　　歳）　（　男 ・ 女 ）　（経験　　　年）
④申請人に対する報酬	月給　　　　　　　円 ／ 時間給　　　　　　　円
⑤その他	

（注意）
1　①は，在留カード（申請人が所持していない場合は在留資格認定証明書交付申請書）と同一の氏名を記載すること。
2　③の経験年数は，申請人に従事させる業務に係る経験年数を記載すること。
3　④は，月給及び時間給以外の給与形態の場合については，月給又は時間給に換算した報酬を記載すること。また，月給又は時間給のいずれかを記載することで差し支えないが，本様式において統一して記載すること。
4　⑤は，報酬以外の諸手当等が支給されている場合など特記すべき事項がある場合に記載すること。

2　比較対象となる日本人労働者がいる場合

①比較対象となる日本人労働者の役職，職務内容，責任の程度		
②比較対象となる日本人労働者の年齢，性別及び経験年数		（　　　　歳）　（　男 ・ 女 ）　（経験　　　年）
③比較対象となる日本人労働者の報酬		月給　　　　　　　円 ／ 時間給　　　　　　　円
④賃金規程の有無及び賃金規程に基づく賃金	規程の有無	有 ・ 無
	有の場合	賃金規程に基づき，申請人と役職，職務内容，責任の程度が同等の日本人労働者に支払われるべき報酬 月給　　　　　　　円 ／ 時間給　　　　　　　円
⑤申請人に対する報酬が日本人が従事する場合の報酬の額と同等以上であると考える理由		
⑥その他		

（注意）
1　①は，比較対象となる日本人労働者の役職，職務内容，責任の程度が，申請人と同等であることを示すこと。
2　②の経験年数は，比較対象となる日本人労働者の経験年数を記載すること。
3　③は，月給及び時間給以外の給与形態の場合については，月給又は時間給に換算した報酬を記載すること。また，月給又は時間給のいずれかを記載すればよいが，本様式において統一して記載すること。
4　賃金規程を作成している場合には，必ず「有」を丸印で囲むこと。また，賃金規程に基づき，申請人と役職，

（以下，略）

56

働き方改革の豆知識 2

〜同一労働同一賃金〜

　2020年４月１日から、同一企業内において、正規雇用労働者と非正規雇用労働者との間で、基本給や賞与などの個々の待遇ごとに、不合理な待遇差を設けることが禁止されます。

　このため、今般、パートタイム労働法の対象に、有期雇用労働者も含まれることになりました。法律の名称も、「短時間労働者及び有期雇用労働者の雇用管理の改善等に関する法律」（いわゆる「パートタイム・有期雇用労働法」）に変わります。中小企業におけるパートタイム・有期雇用労働法の適用は、2021年４月１日からです。

3-4 ☑ 一時帰国を希望した際は、必要な有給休暇を取得させる

特定技能外国人から一時帰国の申し出があった場合、必要な有給休暇を取得させる必要があります。

　労働基準法第39条第1項には、「使用者は、その雇入れの日から起算して6箇月間継続勤務し全労働日の8割以上出勤した労働者に対して、継続し、又は分割した10労働日の有給休暇を与えなければならない」という年次有給休暇の規定があります。特定技能外国人に対しても当然に労働基準法等、日本の労働法令が適用になりますので、特定技能所属機関は、特定技能外国人から有給休暇の申し出があった場合、有給休暇を取得させる必要があります。

　また、特定技能においては、通常の有給休暇だけにとどまらず、特定技能外国人から一時帰国の申し出があった場合は、必要な有給または無給休暇を取得させることを「雇用条件書」で定める必要があるのです。どういうことかというと、例えば、10日の有給休暇をすべて使ってしまった特定技能外国人から、一時帰国のための休暇を取得したいとの申し出があった場合、追加的な有給休暇の取得や無給休暇を取得することができるよう配慮しなければならないのです。そしてもう一つ、特定技能外国人の家族が『短期滞在』で来日した場合は、家族と過ごす時間を確保するため、有給休暇を取得することができるよう配慮しなければならないともされています。

働き方改革の豆知識 3

～年次有給休暇の時季指定～

　年次有給休暇は、原則として、労働者が請求する時季に与えることとされていますが、職場への配慮やためらい等の理由から取得率が低調な現状にあり、年次有給休暇の取得促進が課題となっています。

　このため、今般、労働基準法が改正され、労働者に年５日以上の年次有給休暇を取得させることが義務付けられました。この対象者は、法定の年次有給休暇付与日数が10日以上のすべての労働者（管理監督者を含む）に限ります。労働者ごとに、年次有給休暇を付与した日（基準日）から１年以内に５日について、使用者は「労働者自らの請求・取得」、「計画年休」および「使用者による時季指定」のいずれかの方法で労働者に年５日以上の年次有給休暇を取得させる必要があります。

3-5 ☑ 本人が帰国旅費を負担できない場合に補助できる

特定技能外国人が特定技能雇用契約終了後の帰国に要する『旅費を負担することができないとき』は、特定技能所属機関が、当該旅費を負担するとともに、出国が円滑になされるよう必要な措置を講ずる必要があります。

　特定技能外国人が帰国する際の帰国費用は、原則、本人による負担となりますが、特定技能外国人が自ら帰国費用を負担できないときには、特定技能所属機関が帰国費用を負担するほか、出国が円滑になされるよう必要な措置、例えば、航空券の予約や購入等も行う必要があります。この帰国費用は、帰国することとなった原因を問いません。ただし、行方不明となった場合は除きます。

　この帰国費用を確保しておくために、特定技能外国人へ支払う報酬から月々控除するなどして管理することは認められていませんので、ご注意ください。

3-6 ✓ 定期健康診断を受診させる

事業者は労働者を雇用するうえで、労働者の健康を確保する義務が求められます。

　労働安全衛生法の中に、「事業者は、労働者に対し、厚生労働省令で定めるところにより、医師による健康診断を行わなければならない」という規定があります（第66条第１項）。いわゆる一般健康診断を雇入時および毎年１回以上行う必要があるのです。これは労働者の国籍にかかわらず行う必要がありますので、特定技能外国人として、日本で就労活動を行う外国人に対しても当然に適用されます。

　また、特定技能外国人に対しては、生活状況の把握のための措置として、緊急連絡網を整備したり、定期的な面談において日常生活に困っていないか、トラブルなどに巻き込まれていないかなどを確認したりすることも、特定技能所属機関に求められています。

3-7 ✓ 報酬支払いは口座振込みになっている

特定技能外国人への報酬の支払いに関しては、外国人の同意を得て預金口座への振込みにより行うこととされています。

　労働基準法には、労働者への報酬支払いについて、いわゆる「五原則」というものが規定されています（労基法第24条）。五原則とは、①直接払い、②全額払い、③毎月1回以上、④一定期日を定めて、⑤**通貨で支払う**、の5つです。したがって、労働者への報酬支払いは、**原則、通貨（現金）**で支払うこととされていますが、労使協定を結んで労働者の同意を得た場合は、銀行振込み等で支払うことができる仕組みになっています。

　特定技能外国人への報酬の支払いに関しては、より確実かつ適正なものとするため、当該外国人に対し、報酬の支払い方法として預金口座への振込みがあることを説明したうえで当該外国人の同意を得た場合は、預金口座への振込みにより行うこととされています。

　支払いを口座への振込みとした場合、四半期ごとに行う特定技能外国人の活動状況に関する届出の際に、口座振込明細書や取引明細書等の写しを添付する必要があります。

3-8 保証金の徴収や違約金契約の締結がないことを確認している

> 保証金や違約金による制約は強制労働につながりかねないため、特定技能雇用契約においても厳しく禁じられています。

　技能実習制度においては、失踪防止を目的として保証金の徴収や違約金契約の締結が行われる不正事例が見られました。「保証金」とは、仲介業者等が受入れ企業を紹介する際に、外国人から預かるお金のことです。受入れ企業と約束した期間を無事に勤め上げることができれば、この保証金は返還されるでしょう。ただし、仮に途中で退職してしまった場合には、そのまま回収されてしまいます。

　「違約金」とは、受入れ企業で勤め上げることができず、途中退職した労働者から徴収するお金のことです。本人が失踪するなどして直接徴収ができない場合は、その家族から徴収するケースもあります。

　いずれも途中退職や失踪の防止を目的としていますが、**労働者側から見ると、「退職することによって失うお金がある」ため、不当な労働環境であっても、自由に退職することができなくなってしまいます。**つまり、強制労働につながるおそれがあるのです。また、**実質的に借金を背負って日本に来ることになりますので、返済のために不法就労に手を出し、結果的に失踪者となってしまう**という、悪循環に陥る可能性もあります。

　このような理由で、技能実習制度においてはもちろん、特定技能制度においても、**保証金や違約金については厳しく禁じられています。**所属機関においては、保証金や違約金の存在を知っていながら特定技能雇用契約を結んで特定技能外国人を受け入れた場合は欠格事由に該当しますので、契約時には必ず確認してください。もちろん、所属機関と外国人の間でも保証金や違約金の設定が認められないことは、いうまでもありません。

3-9 ☑ 費用負担をさせないことを 説明している

> 特定技能外国人に対する支援に要する費用は、外国人に直接または間接的にも負担させてはいけません。

　1号特定技能外国人に対する支援に要する費用は、特定技能所属機関等が負担すべきものであり、1号特定技能外国人に直接または間接的にも負担させてはいけません。

　ここでいう「支援に要する費用」とは、例えば、特定技能外国人の出入国時の送迎に要する交通費や事前ガイダンス・生活オリエンテーション・定期面談実施の際等にかかる通訳の費用など、特定技能外国人に対して行われる各種支援に必要な費用のことです。

　特定技能外国人受入れにあたっては、事前ガイダンス等において、支援に要する費用を直接または間接的にも負担させないことについて説明する必要があります。説明を受けた証明として、支援計画書および事前ガイダンス確認書にサインをもらい、出入国在留管理局へ提出することになります。

コラム 不法就労と不法就労助長罪について

　日本で働く外国人労働者数は、毎年、右肩上がりで増加しており、2018年10月末時点での外国人労働者数は、146万463人と過去最高を記録しました。そこに今後は、新しい在留資格である「特定技能」により、５年で約34万人の外国人労働者が加わることになります。

　我が国に在留する外国人が増加する中、不法就労等外国人の増加による治安悪化などを懸念する声も多く聞こえてきます。不法残留者数は５年連続で増加しており、2019年１月１日現在で７万4,000人を超えるといわれています。

　過去の不法就労等外国人の態様は、不法残留や不法入国という、いわば単純な形態でしたが、昨今、時代が変わるにつれ、その態様も大きく変化し、次のように手口も悪質・巧妙化するなど、不法就労等外国人を巡る問題は依然として悩ましい状況にあります。

　　・正規の在留資格は有しているものの、その就労実態は、与えられた在留資格に応じた活動を行うことなく、専ら単純労働に従事するなど偽装滞在して不法就労する事案
　　・実際には、難民に該当する事情がないにもかかわらず、濫用・誤用的に難民認定申請を行い、不法就労する事案
　　・技能実習生が、技能実習先から失踪して他所で不法就労する事案
　　・留学生が、中途退学処分を受けた後も帰国することなく残った在留期間を利用して不法就労する事案
　　・偽変造の在留カード等を行使して、不法就労する事案

　このような不法就労等を企てる外国人や、これらを承知で雇用し、その弱みにつけ込み労働搾取を図る悪質な雇用者の存在は、我が国の労働市場に悪影響を及ぼすことにつながりかねない、深刻な問題といえます。

　外国人雇用を進めるうえで、正しい知識を押さえ自己防衛することもまた重要です。不法就労とは何を指すのか、また、事業主側に課される不法就労助長罪とはどのようなものなのか、は知っておく必要があります。

●不法就労とは？

　我が国において「不法就労」とは、次の三つのパターンを指します。

①不法滞在者や被退去強制者が働くケース

　例えば、

　　・密入国した人や在留期限の切れた人が働く

　　・退去強制されることがすでに決まっている人が働く

②出入国在留管理庁から働く許可を受けていないのに働くケース

　例えば、

　　・観光等の短期滞在目的で入国した人が働く

　　・留学生や難民認定申請中の人が許可を受けずに働く

③出入国在留管理庁から認められた範囲を超えて働くケース

　例えば、

　　・外国料理のコックや語学学校の先生として働くことを認められた人が、工
　　　場・事業所で単純労働者として働く

　　・留学生が許可された時間数を超えて働く

●不法就労助長罪とは？

　入管法には「不法就労助長罪」というものが定められています。不法就労させた事業主や不法就労をあっせんしたブローカーなどは「不法就労助長罪」として、３年以下の懲役もしくは300万円以下の罰金に処せられますのでご注意ください。

　以上のようなことから、雇用主は、外国人労働者と雇用契約を結ぶ際には、事前に必ずパスポートおよび在留カードを十分確認し、在留資格の種類、在留期限、資格外活動許可の有無、更にはその在留資格が許容する仕事の範囲と実際の仕事の該当性等のチェックをしっかりと行うことが、自身の自己防衛にもつながってきます。

　ちなみに、雇用主が「不法就労外国人であることを知らないで採用してしまった」と弁明したとしても、状況からみて、在留カードを確認していない等、確認を怠ったがゆえに雇用してしまったような、知らないことに過失がある場合には、処罰は免れませんので、ご注意ください。

第4講義

『特定技能』外国人支援業務

1号特定技能外国人に対し
どんな支援が必要かチェックしよう

　1号特定技能外国人に対しては、日本での生活を適切に送れるよう、支援を行う必要があります。そのため、所属機関（または委託を受けた登録支援機関）には受入れにあたって支援計画の作成が求められ、その基準も入管法令等に細かく定められています。第4講義では、1号特定技能外国人支援計画に求められる基準を一つずつ確認していきましょう。

4-1 ✓ 外国人が十分に理解できる 言語で支援を行うことができる

1号特定技能外国人の支援は、当該外国人が十分に理解できる言語で行う必要があります。

　1号特定技能外国人となる要件の一つとして、日本語能力に関するものがあります。1号特定技能外国人については、「**ある程度の日常会話ができ、生活に支障がない程度の日本語能力を有する**」必要があるのです。目安としては、日本語能力試験のN4程度とされています（2－4参照）。

　特定技能所属機関が、日本語レベルN4想定の特定技能外国人に対して、事前ガイダンスや在留中の生活オリエンテーション、相談苦情対応、定期的な面談等の支援を行う際、すべてを日本語で支援対応するというわけにはいきません。1号特定技能外国人は、ある程度の日常会話ができるとしても、法律用語や専門用語、日本語独特の言い回しなどは当然理解できるはずもありませんので、やはり母国語等、外国人が十分に理解できる言語で支援を行う必要があります。

　もちろん、特定技能所属機関や登録支援機関の支援担当職員が外国人の母国語をネイティブレベルで話せなければいけないということではなく、社内の通訳者や社外の通訳会社などに委託して同席してもらうといった形でも構いません。

4-2 1 号特定技能外国人支援計画を作成している

> 1 号特定技能外国人支援（職業生活上、日常生活上または社会生活上の支援）の実施に関する計画（1 号特定技能外国人支援計画）を作成する必要があります。

　1 号特定技能外国人と特定技能雇用契約を締結する特定技能所属機関は、当該外国人が日本での活動を安定的かつ円滑に行うことができるよう、職業生活上、日常生活上または社会生活上の支援（1 号特定技能外国人支援）の実施に関する計画（1 号特定技能外国人支援計画）を作成する必要があります。この 1 号特定技能外国人支援計画は、出入国在留管理局へ在留資格認定証明書交付申請や在留資格変更許可申請を行う際に提出しなければならない書類です。

　1 号特定技能外国人支援計画に記載しなければいけない支援内容は次の項目となります。

・事前ガイダンスの提供について
・出入国時の送迎について
・住居の確保に係る支援について
・生活に必要な契約に係る支援について
・生活オリエンテーションの実施について
・日本語学習の機会の提供について
・相談または苦情への対応について
・日本人との交流促進に係る支援について
・非自発的離職時の転職支援について
・定期的な面談について
・行政機関への通報について

　1 号特定技能外国人支援計画書の内容は、当該外国人にしっかり理解してもらわなければならない内容ですので、1 号特定技能外国人の母国語等、当該外国人が十分に理解できる言語により作成し、内容を理解してもらったうえで、署名をもらう必要があります。

4-3 ☑ 事前ガイダンスを 実施することができる

特定技能所属機関は、特定技能外国人に対して事前ガイダンスを行う必要があります。

　事前ガイダンスは、対面やテレビ電話等を用いて行うことになりますが、1号特定技能外国人の日本語レベルがN4程度の想定ですから、やはり母国語等での説明が必要不可欠です。日本人支援担当者等が日本語のみで事前ガイダンスを行う場合には、通訳等の同席が必要になります。

　「事前」ガイダンスですから、少なくとも特定技能雇用契約の締結時以後、出入国在留管理局への在留資格認定証明書交付申請または在留資格変更許可申請前に実施することとなります。在留資格諸申請時には、**事前ガイダンス確認書（参考様式第1－7号）**に特定技能外国人の署名をもらって提出する必要があります。

　事前ガイダンスでは、最低次の9項目の情報提供が必要になりますのでご確認ください。

1．従事する業務の内容、報酬の額その他の労働条件に関する事項
2．日本において行うことができる活動の内容
3．入国にあたっての手続きに関する事項
4．保証金の徴収や違約金を定める契約の締結をしておらず、かつ、締結させないことが見込まれること
5．自国等の機関に費用を支払っている場合は、その額および内訳を十分理解して、当該機関との間で合意している必要があること
6．支援に要する費用について、直接または間接に負担させないこととしていること
7．入国する港または飛行場において送迎を行うこと
8．住居の確保に係る支援がされること
9．職業生活、日常生活または社会生活に関する相談または苦情の申し出を受ける体制があること

【事前ガイダンスの確認書】

参考様式第1-7号

事 前 ガ イ ダ ン ス の 確 認 書

1　私が従事する業務の内容，報酬の額その他の労働条件に関する事項
2　私が日本において行うことができる活動の内容
3　私の入国に当たっての手続に関する事項
4　私又は私の配偶者，直系若しくは同居の親族その他私と社会生活において密接な関係を有する者が，特定技能雇用契約に基づく私の日本における活動に関連して，保証金の徴収その他名目のいかんを問わず，金銭その他の財産を管理されず，かつ特定技能雇用契約の不履行について違約金を定める契約その他の不当に金銭その他の財産の移転を予定する契約の締結をしておらず，かつ，締結させないことが見込まれること
5　私が特定技能雇用契約の申込みの取次ぎ又は自国等における特定技能1号の活動の準備に関して自国等の機関に費用を支払っている場合は，その額及び内訳を十分理解して，当該機関との間で合意している必要があること
6　私に対し，私の支援に要する費用について，直接又は間接に負担させないこととしていること
7　私に対し，特定技能所属機関等が私が入国しようとする港又は飛行場において送迎を行う必要があることとなっていること
8　私に対し，適切な住居の確保に係る支援がされること
9　私からの，職業生活，日常生活又は社会生活に関する相談又は苦情の申出を受ける体制があることについて，

　　　　　　年　　月　　日　　時　　分から　　時　　分まで
　　　　　　年　　月　　日　　時　　分から　　時　　分まで
　　　　　　年　　月　　日　　時　　分から　　時　　分まで

　　　特定技能所属機関（又は登録支援機関）の氏名又は名称

　　　　　　　　　　　　＿＿＿＿＿＿＿＿＿＿＿＿＿＿＿＿＿＿

　　　説明者の氏名

　　　　　　　　　　　　＿＿＿＿＿＿＿＿＿＿＿＿＿＿＿＿㊞

から説明を受け，内容を十分に理解しました。
また，4について，私及び私の配偶者等は，保証金等の支払や違約金等に係る契約を現にしておらず，また，将来にわたりません。

　　　特定技能外国人の署名　＿＿＿＿＿＿＿＿＿＿＿　　　年　　月　　日

4-4 外国人の出入国時に 空港等への送迎を行うことができる

> 1号特定技能外国人が出入国しようとする際、空港等へ当該外国人を送迎する必要があります。

　1号特定技能外国人に対する支援内容の一つとして、「当該外国人が出入国しようとする港または飛行場において、当該外国人の送迎をすること」というものがあります。ここでいう「**送迎**」とは文字通り、外国人が入国する際のお迎えと外国人が出国する際のお見送りです。出国時については、空港へただ送り届けるだけにとどまらず、外国人が保安検査場に入場するのを見届ける必要があります。

　送迎の手段としては、車、タクシー、電車、バス等、いろいろな交通機関を利用することが考えられますが、この送迎に係る交通費については、誰が負担することになるでしょうか。1号特定技能外国人を受け入れる場合、外国人が出入国しようとする港または飛行場において当該外国人の送迎をすることは、受入機関（登録支援機関へ委託可）が義務として実施しなければならない支援であることから、交通費については受入機関が負担することになります。

4-5 外国人の住居確保に係る支援を行うことができる

> １号特定技能外国人のために適切な住居の確保に係る支援を行う必要があります。

　１号特定技能外国人が日本で安心して働くためには、まず、住居の確保が欠かせません。基準省令（特定技能雇用契約及び１号特定技能外国人支援計画の基準等を定める省令第３条第１項ハ）には、受入機関が行うべき支援として「当該外国人が締結する賃貸借契約に基づく当該外国人の債務についての保証人となることその他の当該外国人のための適切な住居の確保に係る支援」が必要とされています。

　住居の確保に係る支援は、賃貸借契約の保証人となることのみならず、適当な保証人がいない場合は、賃貸保証会社を利用することも可能です。この場合、賃貸保証会社に支払われる手数料については、受入機関において負担することになります。また、当該外国人が希望する物件情報の提供や不動産仲介事業者の紹介、必要に応じて当該外国人に同行し、住居探しの補助なども行う必要があります。もちろんすでに受入機関が所有する社宅等を当該外国人に住居として提供することも可能です。

　ここでいう支援とは、住居の確保に関わることですので、必ずしも受入機関等が住居費用を負担することまで求められているわけではありません。したがって、当該外国人が滞納した家賃を受入機関が立て替えて支払いをした場合などは、外国人に対し、立て替えた家賃分の請求を行っても差し支えありません。

4-6 ✓ 適切な情報提供を行うことができる

> 特定技能所属機関は、1号特定技能外国人が日本で生活を送るうえで、困らないよう適切な情報提供を行う必要があります。

　特定技能所属機関は、1号特定技能外国人が日本に入国した後（当該外国人がすでに日本に在留している者である場合は、在留資格の変更許可を受けた後）、次に掲げる事項に関する情報の提供を実施しなければなりません。

①日本での生活一般に関する事項

②当該外国人が履行しなければならないまたは履行すべき国または地方公共団体の機関に対する届出その他の手続き

③相談または苦情の申し出に対応することとされている者の連絡先およびこれらの相談または苦情の申し出をすべき国または地方公共団体の機関の連絡先

④当該外国人が十分に理解することができる言語により医療を受けることができる医療機関に関する事項

⑤防災および防犯に関する事項ならびに急病その他の緊急時における対応に必要な事項

⑥出入国または労働に関する法令の規定に違反していることを知ったときの対応方法その他当該外国人の法的保護に必要な事項

　中でも、②の1号特定技能外国人が履行しなければならない国または地方公共団体の機関に対する届出その他の手続き（例えば、住居地に関する届出・国民健康保険・国民年金に関する手続きおよび年金の脱退一時金請求の手続き・納税に関する手続きなど）については、必要に応じて、関係機関への同行その他必要な支援をすることとされています。当該外国人が日本で生活を送るうえで、困らないよう適切な情報提供を行う必要があるということです。

4-7 生活に必要な契約に関する支援を行うことができる

> 特定技能所属機関は、１号特定技能外国人が日本で生活していくうえで、生活に必要不可欠な契約手続の補助を行う必要があります。

　特定技能所属機関は、１号特定技能外国人の銀行等における預金口座開設、携帯電話の利用に関する契約その他生活に必要な契約に係る支援を行う必要があります。ちなみに「その他生活に必要な契約」とは、例えば電気・ガス・水道等ライフラインに関する契約などです。

　当該外国人が日本で生活していくうえで、銀行口座・携帯電話・ライフラインは、生活に必要不可欠な契約です。しかし、日本の生活に不慣れで日本語もままならない外国人にとっては、どこでどのような手続きを行えばよいかすらわからないでしょう。単独でこれらの契約を進めていくのは、外国人にとって非常にハードルが高い作業といえます。

　したがって、当該外国人がこれらの契約を適正に行うことができるよう、特定技能所属機関は、外国人が契約手続を行う際に必要な書類や窓口を案内するとともに、外国人であることや日本語のコミュニケーション能力不足により契約が阻害されないよう、必要に応じて当該外国人に同行して各種手続きの補助を行う必要があります。

4-8 ✓ 日本語学習の機会を提供できる

特定技能所属機関は、1号特定技能外国人への支援の一つとして、日本語による円滑なコミュニケーションが可能となるような日本語学習の機会を提供する必要があります。

　受入れ対象の1号特定技能外国人は、すでに入国の段階で「**ある程度の日常会話ができ、生活に支障がない程度の日本語能力を有する**」という一定の日本語能力水準をクリアしていますが、日本で働く外国人にとって、日本語のスキルアップは、日本社会の一員として円滑に在留するためには非常に重要といえます。日本語能力の向上とともに日本人と日本語によるコミュニケーションを円滑にとることで、外国人にとっても住みやすい共生社会の実現が促進されます。会話によるストレスが減少することで、外国人および受入機関双方にとって好影響が期待できますので、外国人を受け入れる特定技能所属機関は、1号特定技能外国人が日本語による円滑なコミュニケーションが可能となるよう適切な支援を行う必要があります。

　ただし、ここでいう日本語学習の機会の提供は、必ずしも日本語教育機関や私塾に通学させなければならないというものではありません。例えば、日本語教室等の入学案内や日本語学習教材の情報提供等を行うことも、ここでいう日本語学習機会の提供にあたります。

4-9　☑ 日本人との交流促進を支援できる

> １号特定技能外国人に対する支援内容の一つとして、「当該外国人と日本人との交流促進に係る支援をすること」があります。日本人との交流が地域社会に溶け込むきっかけとなり、日本での生活がより充実したものとなる効果が期待されています。

　この交流促進支援について、法務省が公表している「１号特定技能外国人支援計画書」の記載例には、支援内容欄に次の２点が記載されています。
　ａ．必要に応じ、地方公共団体やボランティア団体等が主催する地域住民との交流の場に関する情報の提供や地域の自治会等の案内を行い、各行事等への参加の手続の補助を行うほか、必要に応じて同行して各行事の注意事項や実施方法を説明するなどの補助を行う
　ｂ．日本の文化を理解するために必要な情報として、就労又は生活する地域の行事に関する案内を行うほか、必要に応じて同行し現地で説明するなどの補助を行う
　ちなみに、技能実習制度の運用要領には、「優良な実習実施者」となるための審査基準として「地域社会との交流を行う機会をアレンジしていること」という項目があります。
　その具体例として運用要領に挙げられているのが、次の４点です。
　①地域祭りを企画して技能実習生を参加させること
　②ボランティア活動に技能実習生を参加（ゴミ拾い、老人ホーム訪問など）させること
　③町内会に技能実習生を参加させること
　④国際交流イベントを実施して技能実習生を参加させること
　支援計画の記載例から判断すると、特定技能外国人への支援においては、自らイベントを企画・実施することまでは求められていないようです。**外国人でも参加できそうな地域のお祭りやボランティア活動を探して、申込みの手伝いや同行などの支援をしてあげればよいのではないでしょうか。**

4-10 ✓ 定期的に面談を行うことができる

特定技能所属機関は、1号特定技能外国人と定期的に面談する必要があります。

　特定技能外国人の安定的かつ継続的な在留活動を確保するための支援として、少なくとも3カ月に1回以上の頻度で、支援責任者または支援担当者（1−2参照）が、特定技能外国人およびその外国人を監督する立場にある者と定期的に面談を行ってください。「外国人を監督する立場にある者」とは、特定技能外国人と同部署の職員であり、当該外国人に対して指揮命令権を有する者のことをいいます。

　定期「面談」ですから、電話等で話すということでは足りず、直接、対面して話をする必要があります。ただし、漁業分野等の場合は、長期間にわたって洋上で操業し、3カ月以上帰港しないこともあるでしょうから、その場合は無線や船舶電話などを利用し、特定技能外国人およびその監督者と連絡を取ることとし、帰港した際に支援担当者が面談を行うという扱いでも問題ありません。

4-11 非自発的離職時に転職支援を行うことができる

特定技能所属機関は、１号特定技能外国人が、その責めに帰すべき事由によらないで特定技能雇用契約を解除される場合、当該外国人が特定技能の活動を引き続き行うことができるよう転職支援を行う必要があります。

　ここでいう「非自発的離職」とは、労働者の「責めに帰すべき事由によらない」雇用契約解除ですから、例えば、会社が倒産する場合や会社の経営不振による人員整理などが考えられます。

　行うべき転職支援の具体例を次に列挙します。

①所属する業界団体や関連企業等を通じて、次の受入れ先に関する情報を入手し提供する。

②ハローワーク等を案内し、または場合によっては同行し次の受入れ先を探す補助を行う。

③当該外国人が円滑に就職活動を行えるよう推薦状を作成する。

④職業紹介許可事業者の場合、就職先の紹介あっせんを行う。

⑤当該外国人が求職活動をするために必要な有給休暇を付与する。

⑥離職時に必要な行政手続について情報を提供する。

⑦倒産等により、転職支援が適切に実施できないことが見込まれる場合などは、それに備え当該機関に代わって支援を行うものを確保する。

コラム　登録支援機関について

　新しい在留資格である「特定技能」の創設に合わせ、「登録支援機関」という新しい制度もスタートしました。「特定技能外国人」受入れスキームの中で非常に重要な役割を担う機関といえます。

　改正入管法では、「１号特定技能外国人」を受け入れる企業に対して、外国人の日常生活上、職業生活上または社会生活上等の総合的な支援を行うことを求めています。１号特定技能外国人に対しての総合的な支援を適切に行うことができる企業でなければ、「１号特定技能外国人」を受け入れることは難しいといえます。そうはいっても総合的な支援体制を１企業が整備するには相当なコストと労力が必要になるでしょう。それを理由に「１号特定技能外国人」の受入れを断念せざるを得ないということでは、せっかく創設された「特定技能」という新しい制度が使われづらい制度になってしまいます。そこで、１号特定技能外国人への支援業務は、必ずしも受入機関自身が行うことに限定されず、新たに創設された「登録支援機関」へ外部委託することが可能な仕組みが取られました。

　「登録支援機関」とは、受入機関との支援委託契約により、１号特定技能外国人支援計画に基づく支援の実施を行うために新たに発足する機関であり、登録支援機関になるためには、出入国在留管理庁長官の登録を受ける必要があります。登録の期間は５年間で、更新が必要です。

　以下では、登録支援機関は、具体的に１号特定技能外国人に対してどのような支援を行う必要があるのか、登録支援機関には誰がなれるのか、登録支援機関になるためにはどのような要件を満たす必要があるのか、登録支援機関になるための手続きはどうすればよいのか、などを解説していきたいと思います。

●登録支援機関はどのような支援を行う必要があるのか

　「登録支援機関」とは、特定技能外国人を雇用する会社（特定技能所属機関）との契約により、委託を受けて、１号特定技能外国人に対して日本での活動を安定的かつ円滑に行うことができるようにするための職業生活上、日常生活上また

は社会生活上の支援の全部を行う法人または個人とされています。さて、ここでいう『支援』とは具体的にはどのようなものなのかといいますと、例えば、１号特定技能外国人に対する入国前の事前ガイダンスの提供があります。これは、当該外国人が理解することができる言語により対面やテレビ電話などで行う情報提供のことです。また、外国人に対する在留中の生活オリエンテーションの実施、定期的な面談、当該外国人の銀行口座の開設や携帯電話など生活するうえで必要な契約に関する支援、入国時および帰国時の空港等への送迎、外国人の住宅確保に向けた支援の実施も必要になります。もう少し見ていきますと、生活するための日本語習得支援、外国人からの相談や苦情への対応、各種行政手続きに関する情報提供および支援、外国人と日本人との交流促進に関する支援、外国人の非自発的離職時の転職支援など、支援内容は本当に多岐にわたります。そのうえ、出入国在留管理庁との関係においても、各種届出などの責務を担うことになりますので、簡単ではありません。全般的に多言語対応も必要になりますので、通訳者の雇用または外部委託等も必要になってきます。

●登録支援機関には誰がなれるのか

　登録支援機関に求められる支援業務の内容はなんとなく理解できましたでしょうか。続いては、誰が登録支援機関になれるのか、という疑問にお答えします。

　登録支援機関への登録は、NPO法人など非営利目的の法人に限られているわけではなく、株式会社などの営利企業であっても登録することは可能です。また、法人に限定されているわけでもなく、所定の要件を満たせば個人やボランティアサークルなどの法人格のない団体であっても、登録支援機関になることができます。

●登録支援機関になるためにはどのような要件を満たす必要があるのか

　個人でも要件を満たせば登録支援機関になれるわけですから、対象となる裾野は非常に広いわけですが、あくまで要件を満たせばという話になりますので、続いては、この登録支援機関になるためにどのような登録要件を満たす必要があるのかを見ていきましょう。まずは次の要件一覧をご覧ください。

　１．支援責任者および１名以上の支援担当者を選任していること

　２．以下のいずれかに該当すること

　　①登録支援機関になろうとする個人または団体が、２年以内に中長期在留者（１−２参照）の受入れ実績があること

　　②登録支援機関になろうとする個人または団体が、２年以内に報酬を得る目的で業として外国人に関する各種相談業務に従事した経験を有すること

　　③選出された支援責任者および支援担当者が、過去５年間に２年以上中長期在留者（１−２参照）の生活相談業務に従事した経験を有すること

　　④上記のほか、登録支援機関になろうとする個人または団体が、これらと同程度に支援業務を適正に実施できると認められていること

　３．外国人が十分理解できる言語で情報提供等の支援を実施することができる体制を有していること

　４．１年以内に責めに帰すべき事由により特定技能外国人または技能実習生の行方不明者を発生させていないこと

　５．支援の費用を直接または間接的に外国人本人に負担させないこと

　６．５年以内に出入国または労働に関する法令に関し不正または著しく不当な行為を行っていないこと、など

上の要件について、質問の多い内容にも触れていきたいと思います。

　まず、支援責任者と支援担当者についてですが、一人での兼務も可能です。逆にそれぞれ複数名選任しておくことも可能です。次に、今後外国人を総合的かつ適正に支援していくうえで、法人または個人に対して、過去の外国人中長期在留

者の受入れ実績や相談実績などが求められています。ここでいう中長期在留者
は、就労ビザの外国人を想定していますので、日本人の配偶者など身分・地位に
基づく在留資格（ビザ）の人は含まれません。外国人が十分理解できる言語で情
報提供等の支援を実施することができる体制を有していることについては、特定
技能外国人の日本語レベルをＮ４レベルと想定しますと、丁寧な情報提供および
ヒアリングを行ううえでは、やはり母国語での支援実施が必要となりますので、
自社内に対応できる外国人および通訳者を雇用するか、もしくは通訳者または通
訳会社などとアライアンスを組んでおく必要が出てきます。これら以外にも、当
然に入管法令や労働法令を過去もきちんと守ってきた個人または法人でなければ
登録支援機関の登録を受けることは難しいといえます。

●登録支援機関になるためにはどのような手続きをとればよいのか

　2019年４月１日から受付が開始された登録支援機関の登録申請ですが、「申
請先」は、地方出入国在留管理局または地方出入国在留管理局支局（空港支局を
除く）となります。「申請方法」については、出入国在留管理局への持参または
郵送が可能です。出入国在留管理局は、慢性的に混雑しているため、郵送による
方法がお勧めかもしれません。申請は行政書士等の代理人でも行うことができま
す。次に列挙する登録申請書および添付資料を出入国在留管理局へ申請し、無事
に登録支援機関の登録が認められれば、登録支援機関登録通知書が交付され、出
入国在留管理庁のホームページで公表されます。その後５年に一度、登録の更新
を受ける必要があります。
〇提出書類等
　1．登録支援機関登録申請書
　2．登記事項証明書（法人の場合）／住民票の写し（個人事業主の場合）
　3．定款または寄付行為の写し（法人の場合）
　4．役員の住民票の写し（法人の場合）

5. 登録支援機関概要書

6. 登録支援機関誓約書

7. 支援責任者の履歴書、就任承諾書および誓約書の写し

8. 支援担当者の履歴書、就任承諾書および誓約書の写し

9. 返信用封筒

10. 手数料納付書

お昼休み

特定技能と技能実習の比較

 技能実習制度との違いをチェックしよう

　　1号特定技能外国人の受入れにあたり、技能と日本語能力の水準を測る試験が技能実習2号の修了によって免除されるなど、特定技能と技能実習は密接な関係を持っています。そのため、特定技能外国人の受入れにあたって、技能実習制度の概要を理解しておくことも重要です。特定技能制度との違いなども含めて、技能実習制度について確認してみましょう。

昼-1 ✓ 技能実習制度とは

　技能実習制度は、「人材育成を通じた開発途上地域等への技能等の移転による国際協力」を目的としています。いわゆる「途上国」から人材を呼び、数年かけて日本の技能を教え、それを母国に持ち帰ってその国の経済発展に役立ててもらう……、大まかに説明すると、そのような制度です。

　この制度は、1990年代半ばから本格的に運用され始めました。しかし、賃金や労働時間などの労働条件について、労働者であれば守られるべき最低基準を下回るような環境が散見されたのも事実です。これは、当初は「研修生」という扱いであったことも影響していたのかもしれません。

　国際的な批判もあったこの制度を改善するため、2017年11月より「技能実習法（外国人の技能実習の適正な実施及び技能実習生の保護に関する法律）」が施行され、現在の運用となっています。

　技能実習法の施行に伴い、法務大臣と厚生労働大臣を主務大臣として、認可法人である「外国人技能実習機構（OTIT）」が設立されました。それまでの技能実習制度では「公益財団法人国際研修協力機構（JITCO）」が大きな役割を担っていましたが、新制度においては、実習計画の認定などはこのOTITが行うことになっています。

1. 技能実習の期間と区分

　技能実習生は最長5年かけて3段階の成長が見込まれ、それぞれ1号（1年目）・2号（2年目・3年目）・3号（4年目・5年目）の在留資格で日本に滞在することになります。ただし、時間が経てば自動的に次の段階へと進むわけではなく、各段階に応じた技能検定（検定がない職種の場合は技能実習評価試験）に合格しなければなりません。

　また、各段階に応じた検定合格を目標として、そのレベルまで育成するための技能実習計画を策定し、認定を受ける必要があります。実習生を受け入れる事業者自体は届出制となっており、特に更新等の手続きはありませんが、認定申請する実習計画を通じて、適切な運用を行っているかどうかを審査されることになる

のです。

　なお、１号と２号の３年間については、原則的に実習先（実習実施者）を変更することができません。実質的に転職の自由が認められていないことになりますので、この点については批判もあります。

技能実習生の入国から帰国までの流れ（１号から３号まで継続する場合）

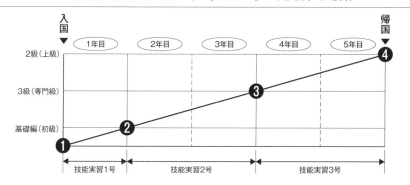

２．企業単独型と団体監理型

　技能実習制度は、自社の海外拠点から人材を呼んできて日本で育成する方式で始まりました。この方式は「企業単独型」と呼ばれますが、海外に営業所や大口の取引先を持つことなどが条件となっていますので、ある程度の規模でないと実施は難しいでしょう。そのため、現在では少数派となっています。

　これに対して「団体監理型」では、日本国内の「監理団体」と実習生の母国の「（外国の）送出機関」が連携して、海外に拠点を持たない小規模な事業者でも、実習生を受け入れられる体制が整備されています。

　2018年末における実習生の人数で比較すると、企業単独型が9,060人であるのに対して、団体監理型が31万9,300人となっており、団体監理型が97.2%を占めています。

昼-2　技能実習と特定技能の違い

　ここでは、団体監理型の技能実習について、特定技能と比較しながら説明していきます。

1．受入機関

　技能実習生を受け入れる事業者は「実習実施者」と呼ばれます。特定技能所属機関と同様、その要件は法令等に細かく定められています。

①業種

　業種自体に制限があるわけではないものの、技能検定や技能実習評価試験に合格しなければ２号以降には進めませんので、実質的にはこの検定等の有無が基準となるでしょう。検定等が用意されているものは「移行対象職種・作業」と呼ばれ、2019年11月現在、81職種145作業があります。

　なお、移行対象職種・作業でなくても１号のみの技能実習は可能ですが、技能実習計画を策定して認定を受けるのは同じです。この場合、目標は自分たちで適切なものを設定する必要がありますので、かえってハードルが高いかもしれません。

②実施体制

　技能実習を適切に実施するために、事業所に必要な担当者が定められています。まず、統括管理の役割を担う者として、「技能実習責任者」が必要です。また、技能を適切に指導していくために、その作業の実務経験が５年以上ある者を「技能実習指導員」として選任しなければなりません。さらに、日本での生活について助言や指導をする者として、「生活指導員」も必要になります。技能実習責任者は特定技能における支援責任者と、生活指導員は支援担当者と、それぞれ同様の役割を担っているイメージです。

　なお、技能実習責任者については、技能実習法令や労働関係法令等について学ぶ養成講習を、３年に一度は受講しなければなりません。技能実習指導員と生活指導員については、養成講習の受講が必須ではないものの、受講していると「優良な実習実施者」になれるかどうかの審査時にポイントとなります。

　ちなみに、優良な実習実施者になっていないと、第3号（4年目・5年目）の技能実習生を受け入れることができません。

③法令順守

　実習実施者において労働関係法令や入管法令、そして刑法等の順守が求められているのは、特定技能所属機関と同様です。

④外国人に対する支援

　母国語での相談については、監理団体による支援を受けることが可能です。また、入国後の1カ月は監理団体の主導で講習に専念してもらうことになりますので、その際に基本的な日本語や生活ルールなどは教えてもらえます。ただし、入国後講習だけで不自由なく生活できるレベルに達することは期待できませんので、配属後も継続的な支援は必要になるでしょう。

　定期的な監査などを通して、監理団体との関係は実習修了まで続きますので、具体的な支援方法についても、助言を受けられる仕組みになっています。

（参考）第2号技能実習への移行対象職種・作業（81職種145作業）（2019年11月8日時点）

1　農業関係（2職種6作業）

職種名	作業名
耕種農業●	施設園芸
	畑作・野菜
	果樹
畜産農業●	養豚
	養鶏
	酪農

2　漁業関係（2職種9作業）

職種名	作業名
漁船漁業●	かつお一本釣り漁業
	延縄漁業
	いか釣り漁業
	まき網漁業
	ひき網漁業
	刺し網漁業
	定置網漁業
	かに・えびかご漁業
養殖業●	ほたてがい・まがき養殖

3　建設関係（22職種33作業）

職種名	作業名
さく井	パーカッション式さく井工事
	ロータリー式さく井工事
建築板金	ダクト板金
	内外装板金
冷凍空気調和機器施工	冷凍空気調和機器施工
建具製作	木製建具手加工
建築大工	大工工事
型枠施工	型枠工事
鉄筋施工	鉄筋組立て
とび	とび
石材施工	石材加工
	石張り
タイル張り	タイル張り
かわらぶき	かわらぶき
左官	左官
配管	建築配管
	プラント配管
熱絶縁施工	保温保冷工事
内装仕上げ施工	プラスチック系床仕上げ工事
	カーペット系床仕上げ工事
	鋼製下地工事
	ボード仕上げ工事
	カーテン工事
サッシ施工	ビル用サッシ施工
防水施工	シーリング防水工事
コンクリート圧送施工	コンクリート圧送工事
ウェルポイント施工	ウェルポイント工事
表装	壁装
建設機械施工●	押土・整地
	積込み
	掘削
	締固め
築炉△	築炉

4　食品製造関係（11職種16作業）

職種名	作業名
缶詰巻締●	缶詰巻締
食鳥処理加工業●	食鳥処理加工
加熱性水産加工食品製造業●	節類製造
	加熱乾製品製造
	調味加工品製造
	くん製品製造
非加熱性水産加工食品製造業●	塩蔵品製造
	乾製品製造
	発酵食品製造
水産練り製品製造	かまぼこ製品製造
牛豚食肉処理加工業●	牛豚部分肉製造
ハム・ソーセージ・ベーコン製造	ハム・ソーセージ・ベーコン製造
パン製造	パン製造
そう菜製造業●	そう菜加工
農産物漬物製造業●△	農産物漬物製造
医療・福祉施設給食製造●△	医療・福祉施設給食製造

5　繊維・衣服関係（13職種22作業）

職種名	作業名
紡績運転●△	前紡工程
	精紡工程
	巻糸工程
	合ねん糸工程
織布運転●△	準備工程
	製織工程
	仕上工程
染色	糸浸染
	織物・ニット浸染
ニット製品製造	靴下製造
	丸編みニット製造
たて編ニット生地製造●	たて編ニット生地製造
婦人子供服製造	婦人子供既製服縫製
紳士服製造	紳士既製服製造
下着類製造●	下着類製造

寝具製作	寝具製作
カーペット製造 ●△	織じゅうたん製造
	タフテッドカーペット製造
	ニードルパンチカーペット製造
帆布製品製造	帆布製品製造
布はく縫製	ワイシャツ製造
座席シート縫製 ●	自動車シート縫製

6　機械・金属関係（15 職種 29 作業）

職種名	作業名
鋳造	鋳鉄鋳物鋳造
	非鉄金属鋳物鋳造
鍛造	ハンマ型鍛造
	プレス型鍛造
ダイカスト	ホットチャンバダイカスト
	コールドチャンバダイカスト
機械加工	普通旋盤
	フライス盤
	数値制御旋盤
	マシニングセンタ
金属プレス加工	金属プレス
鉄工	構造物鉄工
工場板金	機械板金
めっき	電気めっき
	溶融亜鉛めっき
アルミニウム陽極酸化処理	陽極酸化処理
仕上げ	治工具仕上げ
	金型仕上げ
	機械組立仕上げ
機械検査	機械検査
機械保全	機械系保全
電子機器組立て	電子機器組立て
電気機器組立て	回転電機組立て
	変圧器組立て
	配電盤・制御盤組立て
	開閉制御器具組立て
	回転電機巻線製作
プリント配線板製造	プリント配線板設計
	プリント配線板製造

7　その他（15 職種 27 作業）

職種名	作業名
家具製作	家具手加工
印刷	オフセット印刷
製本	製本
プラスチック成形	圧縮成形
	射出成形
	インフレーション成形
	ブロー成形
強化プラスチック成形	手積み積層成形
塗装	建築塗装
	金属塗装
	鋼橋塗装
	噴霧塗装
溶接 ●	手溶接
	半自動溶接
工業包装	工業包装
紙器・段ボール箱製造	印刷箱打抜き
	印刷箱製箱
	貼箱製造
	段ボール箱製造
陶磁器工業製品製造 ●	機械ろくろ成形
	圧力鋳込み成形
	パッド印刷
自動車整備 ●	自動車整備
ビルクリーニング	ビルクリーニング
介護 ●	介護
リネンサプライ ●△	リネンサプライ仕上げ
コンクリート製品製造 ●	コンクリート製品製造

○　社内検定型の職種・作業（1 職種 3 作業）

職種名	作業名
空港グランドハンドリング ●	航空機地上支援
	航空貨物取扱
	客室清掃 △

（注1）　●の職種：技能実習評価試験に係る職種
（注2）　△のない職種・作業は3号まで実習可能
（注3）　▨▨ は建設に含む場合あり
出所：「外国人技能実習制度について」法務省 出入国在留管理庁・厚生労働省 人材開発統括官（2019年11月）

2．受け入れる外国人

　特定技能が「ある程度の能力を持った人材を即戦力として受け入れる制度」であるのに対し、技能実習は「技能も日本語も初歩から教える制度」といえるでしょう。そのため、受け入れる人材についての要件は比較的緩やかです。

①技能と日本語の能力

　技能については、母国において同種の職業に就いていた経験が求められますが、経験がない場合は講習等によってクリアすることも可能です。

　日本語能力については、「介護」だけは入国時に日本語能力試験のＮ４が求められているものの、その他の職種には特に要件がありません。母国における講習や入国後の講習において基本的な日本語は教わっているはずですが、実質的には事業所に配属されてから覚えていくことになるでしょう。

②在留期間の上限

　１号が１年、２号と３号が２年ずつで、最長５年となります。それぞれの期間内で検定等に合格できなかったとしても、実習期間を延長することはできません。ちなみに、検定等は再受検が一度しか認められませんので、２回連続で不合格とならないように気をつけてください。

③送出し国からの推薦

　送出し国の公的機関から推薦を受けている必要があります。そのため、実質的には送出機関が現地で確保した人材を受け入れていくことになるでしょう。監理団体を通して送出機関から紹介を受け、面接・採用へと進んでいくのが一般的です。

④送出し国

　日本政府と相手国の政府との間で二国間取決めを締結して、その国の政府が認定した送出機関に限定して実習生を受け入れる仕組みが主流となっています。そのため、実質的に受け入れられる国は、アジアを中心に約15カ国となっています。

（参考）技能実習制度における二国間取決め締結国とR/D（討議議事録）締結国
／特定技能制度における二国間取決め締結国

	技能実習		特定技能
	二国間取決め	R/D締結	二国間取決め
インド	◯		
インドネシア	◯	◯	◯
ウズベキスタン	◯	◯	◯
カンボジア	◯	◯	◯
スリランカ	◯	◯	◯
タイ	◯		
中国		◯	
ネパール			◯
パキスタン	◯	◯	
バングラデシュ	◯	◯	
フィリピン	◯	◯	
ブータン	◯		
ベトナム	◯	◯	
ペルー		◯	
ミャンマー	◯	◯	◯
モンゴル	◯	◯	◯
ラオス	◯	◯	

出所：JITCOウェブサイトを基に作成

３．技能実習計画

　実習生の適切な受入れを実現するために、監理団体の指導の下に技能実習計画を策定して、外国人技能実習機構の認定を受けなければなりません。この実習計画は、１号から３号までの各段階において、実習生一人につき一本ずつ策定し、それぞれ基準に従って審査されることになります。

①行わせる作業

　審査基準に定められた「必須業務」の作業時間を２分の１以上として実習計画を策定します。その他の作業については「関連業務」または「周辺業務」として認められたものを、それぞれ定められた範囲内で組み込んでいくことになります。また、各業務において10分の１以上は「安全衛生業務」として、労働安全衛生法令に定められた安全衛生教育などを行っていく必要があります。

　なお、使用する道具などについても、細かく定めておかなければなりません。

②実習生の待遇

　特定技能と同じように、日本人の労働者と同等以上の待遇が求められます。実習計画の認定申請に際して雇用条件書の写しを提出しますので、第１号の技能実習生については、報酬や食費等の負担、そして休日・休暇等の労働条件をきちん

と伝えたうえで日本に呼ぶことになります。

　また、宿泊施設等についても条件がありますので、最低限の環境は整えてください。

４．監査等

　実習が始まると、３カ月に１回以上の頻度で監理団体による監査を受けることになります。受入れ当初だけでなく、第３号の５年目が終了するまで、監査を受け続けなければなりません。また、第１号の技能実習生を受け入れている場合は、毎月の訪問指導も受けていくことになります。

　さらに、外国人技能実習機構の立入検査が、３年に１回のペースで予定されています。この立入検査の受入れや各種報告書の提出などを適切に行っていくことも、技能実習継続の要件となっていますので、注意してください。

　実習が適切に行われていない場合は、改善命令や認定取消といった行政処分がなされる可能性もあります。

　労働者として適切に保護される点は特定技能と同様ですが、担当してもらう仕事については、厳しい制限が課されています。ただし、監理団体による手厚い支援が期待できるのは、特に外国人雇用の経験がない企業にとってはメリットと考えられますので、両制度の違いを把握したうえで、各企業に合った制度を利用するとよいのではないでしょうか。

（参考）技能実習と特定技能の制度比較（概要）

	技能実習（団体監理型）	特定技能（1号）
関係法令	外国人の技能実習の適正な実施及び技能実習生の保護に関する法律／出入国管理及び難民認定法	出入国管理及び難民認定法
在留資格	在留資格「技能実習」	在留資格「特定技能」
在留期間	技能実習1号：1年以内、技能実習2号：2年以内、技能実習3号：2年以内（合計で最長5年）	通算5年
外国人の技能水準	なし	相当程度の知識または経験が必要
入国時の試験	なし（介護職種のみ入国時N4レベルの日本語能力要件あり）	技能水準、日本語能力水準を試験等で確認（技能実習2号を良好に修了した者は試験等免除）
送出機関	外国政府の推薦または認定を受けた機関	なし
監理団体	あり（非営利の事業協同組合等が実習実施者への監査その他の監理事業を行う。主務大臣による許可制）	なし
支援機関	なし	あり（個人または団体が受入機関からの委託を受けて特定技能外国人に住居の確保その他の支援を行う。出入国在留管理庁による登録制）
外国人と受入機関のマッチング	通常監理団体と送出機関を通して行われる	受入機関が直接海外で採用活動を行いまたは国内外のあっせん機関等を通じて採用することが可能
受入機関の人数枠	常勤職員の総数に応じた人数枠あり	人数枠なし（介護分野、建設分野を除く）
活動内容	技能実習計画に基づいて、講習を受け、および技能等に係る業務に従事する活動（1号）技能実習計画に基づいて技能等を要する業務に従事する活動（2号、3号）（非専門的・技術的分野）	相当程度の知識または経験を必要とする技能を要する業務に従事する活動（専門的・技術的分野）
転籍・転職	原則不可。ただし、実習実施者の倒産等やむを得ない場合や、2号から3号への移行時は転籍可能	同一の業務区分内または試験によりその技能水準の共通性が確認されている業務区分間において転職可能

出所：「新たな外国人材の受入れ及び共生社会実現に向けた取組」出入国在留管理庁（2019年9月）

技能実習における監理団体と 特定技能における登録支援機関の違い

　技能実習を行うにあたり、海外に事業所や大口の取引先を持たない中小企業の場合、監理団体を通じて実習生を受け入れることになります。監理団体は、受入企業（実習実施者）に実習生を紹介して雇用のあっせんを行うだけでなく、受入れ後に適正な実習が実施されているかどうかの監査などを行います。

　技能実習法の施行に伴い、監理団体は許可制になりました。監理団体の許可基準には「営利を目的としない法人」という項目がありますので、株式会社等の営利法人は許可を受けることができません。そのため、商工会や商工会議所、そして農協や漁協などが監理団体となることもあるのですが、圧倒的に多いのが事業協同組合です。監理団体のことを「組合」と呼ぶ実習実施者がいるのは、このような事情があるからでしょう。

　外国人技能実習機構（OTIT）の資料によると、2019年9月26日時点における監理団体の数は、2,700団体となっています。このうち、技能実習1号から3号まで監理できる「一般監理事業」の許可を受けているのが1,277団体、技能実習1号と2号のみ監理できる「特定監理事業」の許可を受けているのが1,423団体となっています。

　監理団体の許可基準として、次の①と②に関する業務を適切に実施する能力も求められます。

①技能実習生が受入企業に配属されるまで

　あらかじめ契約している送出機関と連携して、受入企業に対して実習生の紹介を行います。かつては無料職業紹介の届出や許可が必要でしたが、監理団体として許可を受けることによって、この要件を満たせることになりました。受入機関が対面やテレビ電話等による採用面接を実施する際も、監理団体が協力してくれるでしょう。

　また、受入機関が実習生を受け入れる際に必要となる技能実習計画の作成についても、監理団体が指導を行うことになっています。指導や助言を適切に行うためには、対象となる職種・作業に関して実務経験を有するなど、一定の要件を備

えた作成指導者が必要となります。監理団体によって扱える業種が異なるのは、この基準による影響が大きいのではないでしょうか。

　実習生に対して入国後講習を実施するのも、監理団体の役割です。入国後講習の科目は「①日本語」、「②日本での生活一般に関する知識」、「③技能実習生の法的保護に必要な情報」、「④日本での円滑な技能等の習得等に資する知識」となっており、実習生はこれを1カ月以上*かけて学ぶことになります。

*原則は第1号技能実習の6分の1（2カ月）だが、入国前講習で要件を満たせば12分の1（1カ月）に短縮可能。

②受入企業に配属されてから技能実習を修了するまで

　実習生が受入企業に配属された後は、監理団体は企業に対する監査等を実施します。定期的に訪問することによって、技能実習が適切に実施されているかどうかを確認するのです。各種帳簿書類の確認だけでなく、実習生との面談を行うことによって、技術や知識の習得状況はもちろん、仕事面での待遇や生活環境なども確認していきます。

　また、実習生から母国語で相談を受ける際にも、監理団体が協力することになっています。この仕組みがあることによって、受入企業が個別に通訳と契約する必要がなくなるのです。

　その他にも、監理団体は様々な場面で技能実習生への支援を行います。例えば、出入国の際に空港へ送迎することや、入国後講習期間中の住居確保だけでなく企業に配属される際の転居手続きなども、支援している監理団体が多いようです。

　企業に配属されて実習が始まってからも、技能検定に向けた受検対策や日本語学習の機会提供、そして、地域社会との交流促進などについて、受入企業と協力して実施していくことになります。

　さらに、実習が修了して帰国した元実習生に対しても、送出機関と協力してフォローアップ調査を行い、日本で学んだ技能の活用状況などを確認します。

　また、受入企業の都合により実習の継続が困難になった場合などに、他の組合員などから受入可能な企業を探すなどして、実習生が引き続き日本で技能の習得等を行えるよう支援するのも、監理団体の重要な役割となっています。

このように、監理団体が日常的に行っている支援業務は、1号特定技能外国人に対する支援と同等か、それ以上のものとなっています。ですから、このノウハウを生かして監理団体が特定技能制度における登録支援機関として活躍することも、期待されているのではないでしょうか。

　ちなみに、登録支援機関には「営利を目的としない法人」という要件がありませんので、監理団体の関係者が株式会社を設立するなどして、登録支援機関となるケースもあるようです。

ラグビー日本代表に見る共生社会

—— 2019年10月某日12時　八王子市内の某カフェにて（一部、脚色しています）

井出：いやぁ、ラグビー（RWC2019）熱かったですね。

長岡：盛り上がっていましたよね。実は1試合も見なかったんですけど、新聞記事とか、けっこうチェックしていました。

井出：えっ、見てなかったんですか……。

長岡：元々あんまりテレビでスポーツを見ないんですよね。でも、新聞とかでいろいろ見て、胸を熱くしていましたよ。電車の中で新聞を読んでいて、泣きそうになったこともありましたし。

井出：胸を熱くして、泣きそうになったのにもかかわらず、見てなかったんですか。

長岡：まあ……。それはいいとして、新聞で知ったのですが、ラグビーは代表の国籍要件が緩いそうですね。

井出：ええ。居住年数の要件とかはあるのですけれど、必ずしも帰化していなくていいんですよ。なので、外国籍のまま日本代表になれるんです。

長岡：へぇ。

井出：今回のように外国人が日本人と一緒にONE TEAMとなって活躍してくれる姿って、これから日本企業で外国人材活用が進んでいくとき、非常に参考になりますよね。

長岡：ですね。まさに外国人との共生って感じがしますよね。

井出：ええ。入管が出している特定技能の資料も、「新たな外国人材の受入れ在留資格『特定技能』について」というタイトルだったものが、7月あたりから「新たな外国人材の受入れ及び共生社会実現に向けた取組」に変わっていますし、これから外国人との共生は進んでいくでしょうね。

長岡：ラグビーといえば、イーストウッド監督の『インビクタス』（映画）あったじゃないですか。

井出：はいはい、モーガン・フリーマンね。

長岡：そうそう、『許されざる者』の名コンビ……、みたいな話をすると長くな
　　　るのでやめておきますけど、あの作品って、アパルトヘイト廃止直後の
　　　南アフリカで、ラグビーの代表チームが白人と黒人の和解の象徴みたい
　　　になっていましたよね。

井出：そうですね。ちなみに、今回の優勝国がまさにその南アフリカでしたね。

長岡：でしたね。今回のワールドカップも、15年くらい経ってから振り返って
　　　みたら、「日本で外国人との共生が進むきっかけだった」みたいな感じに
　　　なっているんじゃないですかね。

井出：ちょうど特定技能が創設された年でもありますし、2019年というのは、
　　　一つの分岐点になるかもしれませんね。

長岡：そう考えると、このタイミングで外国人雇用に関する本を出版するのは、
　　　結構な意味があるんじゃないかと思うわけですよ。

井出：たしかに。モチベーション、上がりますね。

第5講義

建設業特有の要件

建設分野固有の基準をチェックしよう

　建設分野においては、特定技能を含む外国人の受入れに際して、建設技能者全体の処遇改善やブラック企業の排除といった課題にも対応しなければなりません。そのため、他分野にも共通する基準に加えて、「建設分野の特性を踏まえて国土交通大臣が定める基準」も満たす必要があります。第5講義では、建設分野において固有に求められる基準を一つずつ確認していきましょう。

5-1 ✓ 相当程度の知識や経験が必要な業務を担当してもらう

特定技能は外国人に単純な作業を手伝ってもらうための制度ではないので、担当してもらう業務には一定の基準があります。1号特定技能外国人には「相当程度の知識または経験を要する業務」に、2号特定技能外国人には「熟練した技能を要する業務」に就いてもらわなければなりません。

　建設業において特定の技能を有する外国人を受け入れるわけですから、それなりの業務に就いてもらう必要があります。1号特定技能外国人については、他の分野と同じように、**3級技能士レベルの技能者が担当するような業務に従事してもらうことになるでしょう。**

　とはいえ、建設現場においては、作業の準備や後片付けなどが必ず出てきます。ですから、一定の技能を持った職人さんといえども、一日を通してずっと専門的な作業だけを行っているとは限りません。そのような理由で、特定技能1号評価試験の内容とは関係しないような作業であっても、同じ職場で働く日本人も行っている業務については、同じように担当してもらうことが可能となっています。ただし、このような**関連業務ばかりを行わせることはできず、あくまでも主に担当してもらうのは専門的な業務となります。**

　もちろん、重機の運転や玉掛けなど、労働安全衛生法において特別教育や技能講習の修了等が求められている業務を担当してもらうためには、その要件を満たしていなければなりません。たとえ特定技能外国人が母国において同種の免許を持っていたとしても、それだけでは足りないのでご注意ください。

　なお、特定技能外国人は、日本語や日本の労働慣行に習熟しているとは限りませんので、特別教育等の安全衛生教育を実施する際には、特別な配慮が必要です。具体的には、母国語での説明や視聴覚教材の使用など、相手が内容を確実に理解できる方法によって実施することが求められます。

　2号特定技能外国人については、1級技能士レベルの技能に加えて、複数の建設技能者を指導しながら作業に従事しつつ、工程を管理した経験が必要とされま

す。つまり、「班長」等の役職で一定の実務経験が求められるのです。ですから、担当してもらう業務も、職長クラスのものになるでしょう。

　ちなみに、建設キャリアアップシステム（後述 5 － 4 参照）においてレベル 3（シルバー）の基準は、「1 級技能士＋職長等の経験数年（業種による）」となっています。2 号特定技能外国人のレベルも同程度ですので、就いてもらう業務はレベル 3 の技能者を目安にするとよいのではないでしょうか。

5-2　建設特定技能受入計画の認定を受けている

> 建設分野において特定技能外国人を受け入れるためには、建設特定技能受入計画（受入計画）を作成し、国土交通大臣による認定を受けなければなりません。また、受入れ後も、認定計画が適正に実施されていくように、国土交通省等が行う調査や指導に協力することが求められます。

　建設分野においては、1号特定技能外国人を受け入れるにあたって、**1号特定技能外国人支援計画を作成するだけでなく、建設特定技能受入計画を作成し、国土交通大臣の認定を受けなければなりません。**この受入計画の認定基準は、大きく四つに分かれています。

①認定申請者（特定技能所属機関）に関する事項

　受入企業は建設業許可を受けている必要があります。また、建設キャリアアップシステムに事業者として登録していることも必要です。さらに、（一社）建設技能人材機構（JAC）の構成員であることも、特定技能外国人を受け入れるための要件となっています。

②国内人材確保の取組に関する事項

　特定技能は、「生産性向上や国内人材確保の取組を行ってもなお、人材を確保することが困難な状況にある」分野について外国人を受け入れる制度です。そのため、特定技能外国人を受け入れる前に、国内人材の確保に向けて努力しているかどうかを確認されます。

③1号特定技能外国人の適正な就労環境の確保に関する事項

　受け入れる外国人に対する賃金等の労働条件が適切かどうかを確認されます。主な審査項目は、「報酬の額」、「報酬の支払い形態」、「昇給等」となっています。また、受入れ予定の外国人に上記の労働条件をきちんと説明しているかどうかも、審査のポイントになっています。

　さらに、建設キャリアアップシステムについて、受入企業が事業者として登録するだけでなく、受け入れる外国人についても、技能者として登録することが求められます。

　なお、1号特定技能外国人への適切な支援を実現するために、受け入れることのできる人数についても上限が定められていますので、その人数枠に収まっていることも、受入計画認定の基準となっています。

④1号特定技能外国人の安全衛生教育および技能の習得に関する事項

　1号特定技能外国人に対しては、安全衛生教育を実施するのはもちろん、2号へのステップアップも視野に入れて、技能に関する適切な教育訓練の機会を提供することが求められます。そのため、技能検定の合格や建設キャリアアップシステムのレベルアップなどを目標として、どのような支援を行うかを受入計画に盛り込まなければなりません。

　これらの基準を満たした受入計画を作成し、国土交通大臣の認定を受ける必要があります。そして、**実際に特定技能外国人を受け入れてからは、認定された計画が適正に実施されているかどうかを、国土交通省やその関係機関が随時確認していきます。**そして、状況によっては、これらの機関から指導や助言を受け、必要に応じて改善策を実施することになります。

5-3 建設業許可を受けている

建設分野において特定技能外国人を受け入れる企業は、建設業法第３条の許可（建設業許可）を受けている必要があります。税込500万円未満の軽微な工事しか請け負わない業者であっても、特定技能外国人を受け入れるのであれば、許可を受けなければなりません。

　税込500万円以上の建設工事を請け負うためには、その工事に該当する業種について、建設業許可を受けていなければなりません。逆にいうと、請負代金が500万円未満の軽微な建設工事であれば、許可を受けなくても請け負うことが可能です。ただし、**特定技能外国人の受入れについては、この建設業許可を受けていることが要件となってきます。**

　建設業許可の基準については、建設業法に細かく定められています。主な要件には、①経営業務の管理責任者（５年以上*の経営経験）がいること、②専任技術者（一定の資格または実務経験）がいること、③財産的基礎等（500万円以上の資金調達能力）、などがあります。

*工事業種が異なる場合は６年以上

　また、「請負契約に関して不正または不誠実な行為をするおそれが明らかな者ではないこと」が、誠実性の基準となっています。さらに、建設業法違反や反社会的勢力との関係など、一定の欠格要件に該当しないことも求められます。

　要するに、**財務面も含めた経営の安定性と技術力、そして法令順守について一定の水準を満たさなければ、建設業許可を受けることができない仕組みになっているのです。**

　特定技能外国人を受け入れる企業においては、まさに経営の安定性や技術力、そして法令順守についても高い水準が求められますので、これらの条件を備えて建設業許可を受けることが、最低限の条件となっているのではないでしょうか。

5-4 建設キャリアアップシステムに登録している

建設分野において特定技能外国人を受け入れる企業は、建設キャリアアップシステム（CCUS）に受け入れる外国人を技能者として登録しなければなりません。また、同システムには企業自体も事業者として登録する必要があります。

　建設キャリアアップシステムには、建設技能者の氏名等の基本的な情報はもちろん、**保有資格や実務経験なども登録されます**。そして、技能者にはカードが発行され、現場入所時にそれをリーダーに読み込ませることによって、**日々の就業記録が蓄積されていく**のです。一定の資格や実務経験に応じてカードの色が 4 段階に分かれるため、**技能者のレベルが「見える化」される仕組み**になっています。

　国土交通省が全国共通で推進するシステムですので、担当する現場はもちろん、所属する会社が変わっても記録は蓄積されていきます。ですから、たとえ転職したとしても、職人として積み上げてきた技能者の能力を、客観的かつ統一的に評価することが可能となります。そして、能力の客観的な評価は公正な待遇につながりますので、ひいては**建設技能者の処遇改善につながることが期待されているのです**。

　特定技能外国人を建設キャリアアップシステムに登録することによって、**日本人と同じ客観的な基準で評価することが可能**になります。特定技能外国人を受け入れる要件である、日本人と同等以上の待遇を実現するためにも、重要なシステムといえるでしょう。

　また、**カードには在留資格の情報も登録されることになります**ので、建設現場における不法就労の防止につながります。また、不法就労ができない状況を整備すれば、失踪の抑制にもつながるものと考えられています。

　この建設キャリアアップシステムへの技能者登録は、特定技能外国人の入国後速やかに行う必要があります。具体的には、入国後 2 週間以内に、登録申請をしたことがわかるメールの写しを、国土交通省へ提出することになります。

また、受入企業においても、建設キャリアアップシステムの事業者としての登録が求められます。なお、建設特定技能受入計画の認定申請書には建設キャリアアップシステム事業所番号（事業者ID）を記載する欄がありますので、事前に登録が必要になります。

建設キャリアアップシステム（イメージ）

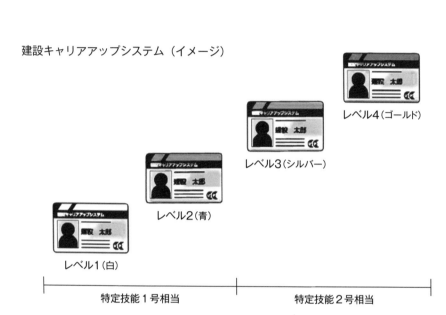

レベル4（ゴールド）

レベル3（シルバー）

レベル2（青）

レベル1（白）

特定技能1号相当　　　　　　　　特定技能2号相当

評価基準に合わせて色分けされたカードを交付

レベル分け、カードのカラーは白、青、シルバー、ゴールド。
運用開始から当面は登録基幹技能者のみゴールドに色分け。

出所：一般財団法人建設業振興基金ウェブサイトを基に作成

5-5 ☑ 建設技能人材機構（JAC）の構成員になっている

建設分野において特定技能外国人を受け入れる企業は、一般社団法人建設技能人材機構（JAC）の構成員になっていなければなりません。賛助会員として直接的に構成員となる方法だけでなく、すでに正会員となっている業界団体に加入して間接的に構成員となる方法があります。

建設業には様々な種類の専門工事業者がいて、その多くが業種別の団体を作っています。特定技能外国人を受け入れるにあたっては、海外での試験やその前段階での教育訓練などが必要となりますが、それらの業務をそれぞれの団体が実施するのは非効率的です。そこで、業種別の団体が共同で建設技能人材機構（JAC）を設立し、国土交通大臣から「特定技能外国人受入事業実施法人」の登録を受けました。このようにして、建設業界全体が協力して、特定技能外国人の受入事業を運営していくことになったのです。

なお、専門工事業者を束ねる元請業者（ゼネコン）の職員は現場監督がメインですから、特定技能外国人を直接的に雇用するケースは限定的といえるでしょう。とはいえ、受注した工事は特定技能外国人を含む下請の専門工事業者によって施工されるのですから、自らも利益を受けるものと考えられます。そのため、この元請業者の団体も、JACの構成員となっています。

このような事情があるため、**建設分野で特定技能外国人を受け入れる企業は、JACの構成員であることが求められます**。JACの正会員となっている業種別団体に所属することで要件は満たせますが、そうでない場合は個別に賛助会員となることも可能です。賛助会員となる場合、毎年24万円*の会費が発生します。

なお、建設分野においてはJACが協議会（1−9参照）の構成員となっていますので、受入企業が協議会の構成員となる必要はありません。

*2019年10月現在

JACの行う主な事業は、評価試験の実施と教育訓練、そして就職のあっせんです。まず、評価試験については、建設分野において定められている業務区分のすべてについて、JACが実施することになっています。海外で試験を実施するのは

もちろん、受験生に対する教育訓練も行います。

　また、建設業種については有料職業紹介事業による職業紹介が禁止されているため、他の産業分野に比べて特定技能外国人の求人求職が難しくなっています。そこで、JACが無料職業紹介事業の許可を受けて、就職および転職の支援を行うことになりました。

　さらに、受入企業への指導や助言、そして特定技能外国人からの母国語相談などを通じて、適正な受入れを維持していく役割を担っています。

　このように、JACの事業は多岐にわたりますので、運営費用もそれなりにかかることが推測されます。それを補うため、**受け入れる特定技能外国人の人数に応じて、受入企業が受入負担金を支払うことになります。**なお、受入負担金は、①技能実習の修了者であって試験を受けていない者、②JACによる教育訓練を受けずに試験に合格した者、③JACによる教育訓練を受けて試験に合格した者、の3段階に分かれており、それぞれの金額は次のとおりです。

対象の特定技能外国人	年額	月額
元・技能実習生	15万円	12,500円
試験合格者（教育訓練なし）	18万円	15,000円
試験合格者（教育訓練あり）	30万円	25,000円

出所：JACウェブサイトを基に作成

5-6　国内人材の確保措置を行っている

> 特定技能外国人を雇い入れる企業は、その前に国内の人材を確保するための
> 努力をするべきだと考えられています。新規採用に関する活動はもちろん、
> 既存の職員に対する処遇についても、重要な審査ポイントとなっています。

　特定技能は、「生産性向上や国内人材確保の取組を行ってもなお、人材を確保することが困難な状況にある」分野について、外国人を受け入れる制度です。したがって、**特定技能外国人を受け入れる前に、国内人材の確保に向けて努力しているかどうかを確認されます。**

　まず、**適切な労働条件を提示して求人活動を行っていることが重要です。**そのため、受入計画の申請をする際に、直近１年以内にハローワークに申請した求人申込書等が確認されることになります。このとき、すでに雇用している技能者と比べて不当に低い報酬額等で求人を出している場合は、適切な努力とは認められません。

　さらに、日本人技能者の定着状況も重要なポイントとなりますので、**既存の職員に対する処遇が適切かどうかも確認されます。**こちらについては、経験年数等が反映された報酬になっているかどうかを確認されることになります。

　また、建設キャリアアップシステムは建設技能者の適切な評価と処遇改善につながることが期待される制度ですので、その積極活用は国内人材確保に関する取組と考えられます。その他には、賃金規程やそれを含む就業規則が適切に運用されているかどうかなども、評価されるポイントとなります。

　これらの活動を行ってもなお国内人材を確保できない場合に、特定技能外国人の受入れによって人材不足の解消を図るのが、本来の筋というわけです。

報酬等の労働条件が適切である

特定技能外国人の待遇についても、建設分野に固有の基準があります。同レベルの日本人と同等以上の報酬が求められるのは他の分野と同様ですが、建設分野においては、月給制が条件となっています。また、技能者としてのレベルアップに応じて昇給を行うことも、計画に盛り込む必要があります。

まず、報酬額については、同レベルの日本人と同等以上のものが求められます。1号特定技能外国人は、技能検定3級の合格者または技能実習2号の修了者以上のレベルですので、3年以上の経験がある者として扱わなければなりません。ですから、**報酬額については、技能実習2号の実習生を上回るのはもちろん、同レベルの日本人技能者と比べても遜色のないものに設定する必要があるのです。**

なお、比較対象となる日本人技能者の報酬額を意図的に下げている場合などは、国内人材確保に向けた取組を適切に行っていないものとみなされますので、そちらの条件が満たせなくなります（5-6参照）。

ここで比較対象となる日本人が職場にいない場合には、**賃金規程やそれを含む就業規則に基づいて、3年程度の経験を有する技能者の報酬額と比較していくことになります。**また、賃金規程があっても賃金テーブルが設定されていない場合は、**周辺地域における建設技能者の平均賃金や、設計労務単価等を根拠にするなどして、報酬額が適切であることの説明をする必要があります。**

ちなみに、2019年3月から適用されている公共工事設計労務単価において、型わく（枠）工は1日あたり24,341円、鉄筋工は24,189円となっています（いずれも全国の加重平均）。ただし、この単価には各種手当だけでなく賞与や食事代も含まれていますので、その点も考慮に入れて計算する必要があります。

さらに、1号特定技能外国人は建設キャリアアップシステムへの技能者登録が必須となっていますので、そのレベルに応じて日本人と同様に適切に処遇することが求められます。

　次に、この報酬を安定的に支払うことが求められます。建設業では日給制（いわゆる「日給月給」）を採用する企業も多く見られますが、業務の繁閑や天候などを理由に報酬額が変動してしまうことが、労働者の不満につながっているのも事実です。ですから、特定技能外国人の意欲低下や失踪を防ぐためにも、**月給制で報酬を安定的に支払っていく必要があります。**

　ここで、自社における日本人技能者が月給制でない場合は、同レベルの日本人に実際に支払われる「１カ月あたりの平均的な報酬額」を基準として、報酬額を決めていくことになります。

　また、１号特定技能外国人の在留期間は通算で５年が上限となっていますので、この間の**昇給見込額について、特定技能雇用契約や建設特定技能受入計画に盛り込んでおく必要があります。**経験年数はもちろん、資格の取得や技能検定の合格、そして建設キャリアアップシステムでのレベルアップなどに応じて、適切に昇給していく計画を立ててください。

　さらに、賞与や各種手当、そして退職金についても、日本人と同等に支給する必要があります。もちろん、特定技能外国人だけが不利になるような支給条件を設けることはできません。

5-8 ✓ 報酬以外の就労環境も適切である

報酬や昇給の他にも、特定技能外国人が就労するのに適正な環境を整備しなければなりません。そのため、労働条件等の事前説明や国土交通省に対する受入れ状況の報告、そして建設キャリアアップシステムへの技能者登録を実施していく必要があります。また、適正な指導・育成を行っていくためにも、受け入れられる人数には、常勤職員数に応じた上限が定められています。

　1号特定技能外国人に対しては、労働条件の説明を含んだ「事前ガイダンス」を実施する必要があります。これに加えて、建設分野においては、国土交通省が告示で定めた「様式第2（雇用契約に係る重要事項事前説明書）」を用いて、**おおよその手取り額や昇給の条件、そして危険有害業務に従事する可能性やそれに伴う安全衛生教育の実施内容、さらには技能検定の受検時期などについて説明しなければなりません。**

　また、受入計画に記載された情報について、必要最小限の範囲で建設キャリアアップシステムの運営機関や適正就労監理機関（FITS）、そしてJAC等の関係団体に提供することも説明し、本人の同意を得る必要があります。

　当然のことながら、これらの説明は外国人が十分に理解できる言語によって行われ、本人が納得したうえで署名をもらわなければなりません。

　建設キャリアアップシステムへの技能者登録も就労環境確保の一環として行う必要がありますので、入国後は速やかに手続きを進めてください。

　さらに、受入企業が下請業者である場合は、元請業者が国土交通省のガイドラインに従って指導を実施することになりますので、それに従うことが求められます。

　また、建設業においては、1号特定技能外国人として最長5年の在留期間を通して、様々な現場で就労することが想定されます。そのため、受入企業が適切な指導・育成を行っていくには、複数の現場に対応できるだけの常勤雇用者が必要です。

　その結果、受入企業の常勤職員数は、１号特定技能外国人の総数と外国人建設就労者の総数との合計以上であることが求められます。要するに、**１号特定技能外国人等は、常勤職員と同じ人数までしか受け入れられないのです**。なお、ここでの常勤職員数は、１号特定技能外国人と外国人建設就労者、そして技能実習生の人数を含めないで計算します。

　報酬等が適正であることに加えて、これらの基準を満たすことで、適正な就労環境を確保していく必要があるのです。

安全衛生や技能習得に関する教育を行う

建設分野においては、受け入れる特定技能外国人に対して、安全衛生や技能習得に関する教育を実施していく必要があります。労働安全衛生法令によって定められた安全衛生教育を実施するのはもちろん、技能検定の合格を目指した計画的な教育も不可欠です。

　労働災害の発生率が高い建設業においては、その防止に向けて、まずは安全かつ衛生な職場環境を整備することが重要です。それに加えて、労働者が危険有害性に関する知識や対応能力を身につける必要があります。そのため、労働安全衛生法やそれに関連する法令には、業務に応じて必要な安全衛生教育が細かく定められています。

　これを受け、**特定技能外国人に対しても、日本人労働者と同じように、従事させる業務に必要な安全衛生教育を実施する**ことが求められます。

　また、鉄筋工における玉掛け技能講習等、職種ごとの能力評価基準に定める安全衛生教育を受講させ、**受入れからなるべく早い段階で建設キャリアアップシステムにおけるレベル2相当の教育を行う必要があります。**

　さらに、特定技能1号で在留できる上限の5年間を考慮して、**具体的な技能習得の計画を立てなければなりません。**例えば、受入れ時点で技能検定3級レベルである特定技能外国人に対しては、3年以内に2級の合格、5年以内に1級の合格を目指す、といった目標を設定していくことになります。

　ちなみに、特定技能2号は技能検定1級レベルが要件となっていますので、その点も踏まえて計画を立てるとよいのではないでしょうか（2-3参照）。

　また、今後、1号特定技能外国人が入国後に受講すべき講習または研修を国土交通大臣が指定した場合、それに従って受講させる必要が出てきます。この講習等を受けるためにかかる旅費や受講料などの費用については、受入企業が負担しなければなりません。

　このように、安全衛生や技能習得に関する教育を計画的に実施することで、1号特定技能外国人が活躍する場が、さらに広がるものと見込まれます。

外国人建設就労者受入事業について

　震災からの復興を推進している間に東京オリンピック・パラリンピック関連施設の整備事業等が重なったため、建設需要は一時的に増大しています。これに対応するため、緊急かつ時限的な措置として、即戦力となる外国人材の活用促進を図ることになりました。こうして2015年4月から始まったのが、「外国人建設就労者受入事業」です。

　一時的な需要増に対応するための措置ですので、この制度には期限が設けられています。具体的には、**新規の受入れは2021年3月までとなっており、その2年後の2023年3月で終了の予定です。**

　即戦力となる外国人材としては、**受け入れる職種・作業の技能実習を2号まで修了している者**が、これにあたります。受入れ可能な業種は技能実習と同じ25職種38作業*となっていますので、実質的に「技能実習の延長」と考えることもできるでしょう。ただし、在留資格は「特定活動」になります。そして、**特定技能とは異なり、試験の合格によって技能者としての要件を満たせる制度はありません。**

＊建設業者による鉄工（構造物鉄工）、塗装（建築塗装・鋼橋塗装）、溶接（手溶接・半自動溶接）を含む。

　時限措置ということもあり、在留期間の上限は2年間となっています。ただし、技能実習2号を修了後に帰国していて、帰国後1年以上経過してから再入国する場合は、上限が3年となります。

　なお、技能実習制度と同じように**受入建設企業への監査や訪問指導が必要となります**が、この監査等は、国土交通大臣の認定を受けた「**特定監理団体**」が実施します。

　また、受入企業についても、「**適正監理計画**」を作成して国土交通大臣の認定を受けることが、この制度を活用する条件となります。

　適正監理計画の主な認定要件は、建設特定技能受入計画の要件と共通する部分が多くあります（おそらく、受入計画の要件を定める際に、適正監理計画を参考にしているのではないでしょうか）。

認定要件の一項目である「受入建設企業の要件」としては、やはり労働関係法令の順守などが求められています。また、受入れ人数の上限や日本人と同等額以上の報酬支払いなども、特定技能と同様に定められています。

　なお、特定技能の創設に伴い、建設キャリアアップシステムへの事業者および技能者の登録や、月給制による報酬の支払いなどが、2020年1月から適正監理計画認定の要件に追加されることになりました。

　適正監理計画に特有の要件として、「過去5年間に2年以上適正に建設分野技能実習を実施した実績があること」というものがあります。つまり、**受入建設企業についても、技能実習生を雇用した経験が求められているのです。**

　さらに、事業の適正な実施を実現するために、一般財団法人国際建設技能振興機構（FITS）が設立されました。**FITSは特定監理団体と受入建設企業を個別に訪問して、巡回指導を行います。**また、外国人建設就労者に対しては、母国語ホットライン窓口を設置して、中国語・ベトナム語・インドネシア語・フィリピン語および英語による相談を受け付けています。この点については、技能実習制度における外国人技能実習機構と似たような役割といえるのではないでしょうか。

　ちなみに、**特定技能の制度においては、FITSは国土交通省の委託を受けた「適正就労監理機関」として、建設分野の受入企業に巡回訪問を行うことになっています。**

（参考）特定技能・技能実習・外国人建設就労者受入事業に関係する「機構」

名称	国際研修協力機構	国際建設技能振興機構	外国人技能実習機構	建設技能人材機構
略称	JITCO	FITS	OTIT	JAC
法人の種別	公益財団法人	一般財団法人	認可法人	一般社団法人
設立日	1991/10/1	2015/1/15	2017/1/25	2019/4/1
特定技能		○		○
技能実習	△		○	
建設就労者		○		

※○は関係していることを、△は一部関係していることを示す。

放課後

課　　題

特定技能制度を利用できるか
総チェックしよう

　第1講義から第5講義まで見てきた内容を、一枚のチェックシートにまとめてみました。
　建設分野以外の業種の方は第4講義まで、建設分野の方は第5講義まで、求められる基準を一つずつ確認してみましょう。

【チェックシート】

	『特定技能』所属機関	
チェック	チェック項目	解説
☐	特定産業分野14業種に該当している	1－1
☐	中長期在留者の雇用経験がある	1－2
☐	労働保険料・社会保険料・税金は納付済みである	1－3
☐	1年以内に非自発的離職者を発生させていない	1－4
☐	1年以内に外国人の行方不明者を発生させていない	1－5
☐	5年以内に一定の刑罰を受けたり技能実習を取り消されたりしていない	1－6
☐	行為能力や適格性に問題がない	1－7
☐	直前期が債務超過になっていない	1－8
☐	協議会の構成員になっている	1－9
☐	分野固有の基準を満たしている	1－10

	『特定技能』外国人	
チェック	チェック項目	解説
☐	送出し国が適正である	2－1
☐	18歳以上である	2－2
☐	技能水準を満たす試験に合格している	2－3
☐	日本語能力水準を満たす試験に合格している	2－4
☐	技能実習2号を修了している	2－5
☐	健康状態が良好である	2－6
☐	特定技能1号としての通算在留期間が5年以内である	2－7
☐	本国において順守すべき手続きを経ている	2－8

	『特定技能』雇用契約	
チェック	チェック項目	解説
☐	相当程度の知識または経験を必要とする技能を要する業務に従事させる	3－1
☐	労働時間は通常の労働者の所定労働時間と同等である	3－2
☐	日本人と同等以上の報酬額を設定している	3－3
☐	一時帰国を希望した際は、必要な有給休暇を取得させる	3－4
☐	本人が帰国旅費を負担できない場合に補助できる	3－5
☐	定期健康診断を受診させる	3－6
☐	報酬支払いは口座振込みになっている	3－7
☐	保証金の徴収や違約金契約の締結がないことを確認している	3－8
☐	費用負担をさせないことを説明している	3－9

『特定技能』外国人支援業務

チェック	チェック項目	解説
☐	外国人が十分に理解できる言語で支援を行うことができる	4 − 1
☐	1号特定技能外国人支援計画を作成している	4 − 2
☐	事前ガイダンスを実施することができる	4 − 3
☐	外国人の出入国時に空港等への送迎を行うことができる	4 − 4
☐	外国人の住居確保に係る支援を行うことができる	4 − 5
☐	適切な情報提供を行うことができる	4 − 6
☐	生活に必要な契約に関する支援を行うことができる	4 − 7
☐	日本語学習の機会を提供できる	4 − 8
☐	日本人との交流促進を支援できる	4 − 9
☐	定期的に面談を行うことができる	4 − 10
☐	非自発的離職時に転職支援を行うことができる	4 − 11

【建設分野の方は以下をチェックしよう】

建設業特有の要件

チェック	チェック項目	解説
☐	相当程度の知識や経験が必要な業務を担当してもらう	5 − 1
☐	建設特定技能受入計画の認定を受けている	5 − 2
☐	建設業許可を受けている	5 − 3
☐	建設キャリアアップシステムに登録している	5 − 4
☐	建設技能人材機構（JAC）の構成員になっている	5 − 5
☐	国内人材の確保措置を行っている	5 − 6
☐	報酬等の労働条件が適切である	5 − 7
☐	報酬以外の就労環境も適切である	5 − 8
☐	安全衛生や技能習得に関する教育を行う	5 − 9

＊1−2は登録支援機関への委託によって基準を満たすことができます。
＊2−3と2−4は、2−5にチェックがつけば省略できる場合があります。
＊4−1から4−11は、登録支援機関への委託によって基準を満たすことができます。

おわりに

── 2019年11月某日20時　八王子市内の某タイ料理店にて（一部、脚色しています。）

井出：いやぁ、やっと書き終えましたね。

長岡：お疲れ様でした。さすがに疲れましたね。

井出：執筆にあたり行政資料を見直していると、やっぱり複雑ですね、「特定技能」は。

長岡：確かに。新しい情報も五月雨式に出てくるので、情報を追いかけるのが大変ですよね。

井出：今回改めて、企業が特定技能制度を運用するうえで、それをサポートし、的確なアドバイスができる人間の必要性を再認識しました。

長岡：そうですね。所属機関の中に特定技能に関する正確な知識を持った方がいればいいのでしょうが、なかなかいないでしょうし。

井出：そういう意味では、やはりしっかりした「登録支援機関」と組むことが重要になりますね。

長岡：「登録支援機関」も日に日に増えているようですけど、「ホントに対応できるの？」みたいなところも多そうですからね。

井出：確かにね。

長岡：話は変わりますけど、お互いの子供も、早いものでもう２歳ですね。

井出：ですね。あの子たちが大人になる頃には、どんな社会になっているんですかね。

長岡：やっぱり、外国人との共生社会は確実に進んでいるんじゃないですか？

井出：でしょうね。

長岡：僕らのころは、外国語といったら英語の勉強だけで済みましたけれど、これからはその辺も複雑になりそうですね。

井出：うん、我々は英語も苦手ですけれどね……。

長岡：そこは翻訳機の発達に期待していますよ……。

　このような感じで、特定技能制度に関する入門書を何とか書き上げることがで

きました。本書は、在留資格手続の専門家である行政書士と労務管理の専門家である社労士から、一般の方に向けた解説書として作成しました。今後、「特定技能」制度に何らかの形で関わっていく方々にとって、制度理解の一助となれば幸いです。

　今回の企画を快く引き受けてくれたビジネス教育出版社には心より感謝を申し上げます。また、日々私たちを支援してくれている家族に対しても、この場を借りて感謝の気持ちを述べさせていただきます。

2020年1月
申請取次行政書士・社会保険労務士　井出誠
行政書士・社会保険労務士・中小企業診断士　長岡俊行

行政資料
◆制度説明資料
新たな外国人材の受入れ及び共生社会実現に
向けた取組
2019 年 9 月
出入国在留管理庁

◆運用要領
特定技能の在留資格に係る制度の運用に関す
る基本方針について
2018 年 12 月 25 日
閣議決定案

特定技能外国人受入れに関する運用要領
2019 年 9 月（11/29 一部改正）
出入国在留管理庁

特定の分野に係る特定技能外国人受入れに関
する運用要領　−介護分野の基準について−
2019 年 3 月（11/29 一部改正）
法務省・厚生労働省編

特定の分野に係る特定技能外国人受入れに関
する運用要領　−ビルクリーニング分野の基
準について−
2019 年 3 月（11/29 一部改正）
法務省・厚生労働省編

特定の分野に係る特定技能外国人受入れに関
する運用要領　−素形材産業分野の基準につ
いて−
2019 年 3 月（11/29 一部改正）
法務省・経済産業省編

特定の分野に係る特定技能外国人受入れに関
する運用要領　−産業機械製造業分野の基準
について−
2019 年 3 月（11/29 一部改正）
法務省・経済産業省編

特定の分野に係る特定技能外国人受入れに関
する運用要領　−電気・電子情報関連産業分
野の基準について−
2019 年 3 月（11/29 一部改正）
法務省・経済産業省編

特定の分野に係る特定技能外国人受入れに関
する運用要領　−建設分野の基準について−
2019 年 3 月（11/29 一部改正）
法務省・国土交通省編

特定の分野に係る特定技能外国人受入れに関
する運用要領　−造船・舶用工業分野の基準
について−
2019 年 3 月（11/29 一部改正）
法務省・国土交通省編

特定の分野に係る特定技能外国人受入れに関
する運用要領　−自動車整備分野の基準につ
いて−
2019 年 3 月（11/29 一部改正）
法務省・国土交通省編

特定の分野に係る特定技能外国人受入れに関
する運用要領　−航空分野の基準について−
2019 年 3 月（11/29 一部改正）
法務省・国土交通省編

特定の分野に係る特定技能外国人受入れに関
する運用要領　−宿泊分野の基準について−
2019 年 3 月（11/29 一部改正）
法務省・国土交通省編

特定の分野に係る特定技能外国人受入れに関
する運用要領　−農業分野の基準について−
2019 年 3 月（11/29 一部改正）
法務省・農林水産省編

特定の分野に係る特定技能外国人受入れに関する運用要領　−漁業分野の基準について−
2019 年 3 月（11/29 一部改正）
法務省・農林水産省編

特定の分野に係る特定技能外国人受入れに関する運用要領　−飲食料品製造業分野の基準について−
2019 年 3 月（11/29 一部改正）
法務省・農林水産省編

特定の分野に係る特定技能外国人受入れに関する運用要領　−外食業分野の基準について−
2019 年 3 月（11/29 一部改正）
法務省・農林水産省編

◆試験関係資料
「特定技能」に係る試験の方針について
2019 年 2 月
法務省入国管理局

「介護技能評価試験」試験実施要領
2019 年 3 月
厚生労働省社会・援護局福祉基盤課福祉人材確保対策室

「介護日本語評価試験」試験実施要領
2019 年 3 月
厚生労働省社会・援護局福祉基盤課福祉人材確保対策室

ビルクリーニング分野特定技能1号評価試験実施要領
2019 年 8 月
厚生労働省医薬・生活衛生局

特定技能評価試験（航空分野：空港グランドハンドリング）・実施要領
2019 年 10 月
公益社団法人日本航空技術協会

特定技能評価試験（航空分野：航空機整備）・実施要領
2019 年 9 月
公益社団法人日本航空技術協会

宿泊業技能測定試験実施要領
2019 年 4 月
国土交通省観光庁観光産業課観光人材政策室

「農業技能測定試験」試験実施要領
2019 年 9 月
一般社団法人全国農業会議所

飲食料品製造業特定技能1号技能測定試験実施要領
2019 年 9 月
農林水産省食料産業局

外食業特定技能1号技能測定試験実施要領
2019 年 3 月（8 月改訂）
農林水産省食料産業局

国際交流基金日本語基礎テストに係る試験実施要領
2019 年 4 月
独立行政法人国際交流基金

法務省：新たな外国人材の受入れ及び共生社会実現に向けた取組
（在留資格「特定技能」の創設等）
http://www.moj.go.jp/nyuukokukanri/kouhou/nyuukokukanri01_00127.html

法務省：特定技能運用要領・各種様式等
http://www.moj.go.jp/nyuukokukanri/kouhou/nyuukokukanri07_00201.html

法務省：試験関係
http://www.moj.go.jp/nyuukokukanri/kouhou/nyuukokukanri01_00135.html

法務省：特定技能に関する二国間の協力覚書
http://www.moj.go.jp/nyuukokukanri/kouhou/nyuukokukanri05_00021.html

厚生労働省：介護分野における新たな外国人材の受入れ（在留資格「特定技能」）について
https://www.mhlw.go.jp/stf/newpage_000117702.html

厚生労働省：ビルクリーニング分野における新たな外国人材の受入れ
（在留資格「特定技能」について）
https://www.mhlw.go.jp/stf/seisakunitsuite/bunya/0000132645.html

経済産業省：特定技能外国人材制度（製造3分野）
https://www.meti.go.jp/policy/mono_info_service/gaikokujinzai/index.html

国土交通省：建設分野における新たな外国人材の受入れ（在留資格「特定技能」）
https://www.mlit.go.jp/totikensangyo/const/totikensangyo_const_tk2_000118.html

国土交通省：造船・舶用工業分野における新たな外国人材の受入れ
（在留資格「特定技能」）
https://www.mlit.go.jp/maritime/maritime_fr5_000006.html

国土交通省：自動車整備分野における「特定技能」の受入れ
https://www.mlit.go.jp/jidosha/jidosha_SSW.html

国土交通省：航空分野における新たな外国人材の受入れ（在留資格「特定技能」）
https://www.mlit.go.jp/koku/koku_fr19_000011.html

国土交通省 観光庁：宿泊分野における新たな外国人材受入れ（在留資格「特定技能」）
https://www.mlit.go.jp/kankocho/page06_000162.html

農林水産省：農業分野における外国人の受入れについて
http://www.maff.go.jp/j/keiei/foreigner/

農林水産省 水産庁：在留資格「特定技能」による新たな外国人材の受入れ
http://www.jfa.maff.go.jp/j/kikaku/tokuteiginou.html

農林水産省：飲食料品製造業分野における外国人材の受入れ拡大について
http://www.maff.go.jp/j/shokusan/sanki/soumu/tokuteiginou.html

農林水産省：外食業分野における外国人材の受入れについて
http://www.maff.go.jp/j/shokusan/gaisyoku/gaikokujinzai.html

法務省：技能実習制度運用要領・各種様式等
http://www.moj.go.jp/nyuukokukanri/kouhou/nyuukokukanri07_00125.html

（公財）国際研修協力機構 JITCO
https://www.jitco.or.jp

（認可法人）外国人技能実習機構 OTIT
https://www.otit.go.jp

（一財）国際建設技能振興機構 FITS
https://www.fits.or.jp

（一社）建設技能人材機構 JAC
https://jac-skill.or.jp

建設キャリアアップシステム
https://www.ccus.jp

日本語能力試験 JLPT
https://www.jlpt.jp

国際交流基金日本語基礎テスト JFT-Basic
https://www.jpf.go.jp/jft-basic/index.html

MEMO ─────────────────────────────────────

著者プロフィール

いで まこと
井出　誠（行政書士・社会保険労務士）

行政書士ブレースパートナーズ　代表
https://www.visa-consulting.tokyo/

社会保険労務士ブレースパートナーズ　代表
https://brace-partners.com/

1975年東京都八王子市生まれ。社会保険労務士として中小企業の人事労務コンサルティング&外国人雇用コンサルティング、行政書士として外国人就労ビザ手続サポート業務を中心に活動。特定技能&登録支援機関に関するコラム執筆やセミナー等も行っている。

共著『相続川柳 〜相続を 気軽に学ぶ 五七五〜』東京堂出版 2015年

ながおか としゆき
長岡　俊行（行政書士・社会保険労務士・中小企業診断士）

合同会社ハッソウ（行政書士ハッソウ・人事労務ハッソウ）代表
https://hassaw.co.jp/

1975年東京都八王子市生まれ。3つの国家資格を活用して、小規模建設業者への包括的な支援を行っている。2018年より、技能実習制度における養成講習の講師としても活動。本書では、主に建設分野と技能実習制度に関連した項目の執筆を担当した。

共著『相続川柳 〜相続を 気軽に学ぶ 五七五〜』東京堂出版 2015年

「特定技能」外国人雇用準備講座

2020年2月22日　初版第1刷発行

著　者	井　出　　誠	
	長　岡　俊　行	
発行者	中　野　進　介	
発行所	株式会社ビジネス教育出版社	

〒102-0074　東京都千代田区九段南4-7-13
TEL 03（3221）5361（代表）／ Fax 03（3222）7878
E-mail ▶ info@bks.co.jp URL ▶ https://www.bks.co.jp

印刷・製本／シナノ印刷(株)　装丁・本文DTP・イラスト／(株)イオック

落丁・乱丁はお取り替えします。

ISBN978-4-8283-0800-5